Check-in GPS(Good People Service) 시리즈 ❸

4차 산업시대를 위한

셀프 진로설계와 취업면접

한수정 · 우소연 공저

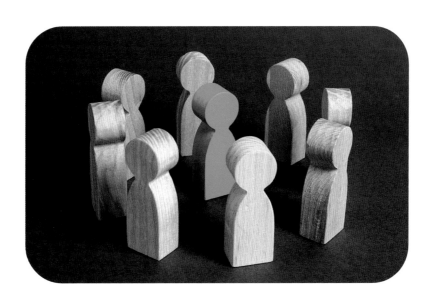

🅱 (주)백산출판사

차례

Part 1   직업과 취업의 이해

1. 직업의 이해 … 12
2. 채용과 인적자원관리 … 16
3. 4차 산업혁명과 직업 환경의 변화 … 24
4. 최근의 취업시장 동향 BEST 18 … 26

Part 2   취업전략 세우기

1. 진로고민 유형과 해결활동 가이드 … 38
2. 진로·취업을 위한 학년별 점검 포인트와 로드맵 … 44
3. 주도적인 취업전략 … 47
4. 자기 탐구와 이해 … 48
5. 진로장벽 파악하기 … 52
6. 마케팅 기법 활용 취업전략 3단계 … 59

Part 3   진로 탐색을 위한 자기 분석

1. DISC 행동유형 분석 … 65
2. MBTI 성격유형 분석 … 69
3. SWOT 분석 … 85
4. 홀랜드의 성격, 행동유형 분석 … 87
5. 나에게 어울리는 직업 찾기 … 91

Part 4   직업 탐구와 이해

1. 직업 선택에 영향을 미치는 가치관 … 97
2. 내가 중요하게 생각하는 가치관 … 99
3. 나에게 맞는 직업 찾기 … 102

Part 5 기업 분석

1. 21세기 기업의 주요 환경 변화 … 108
2. 기업의 분류 … 109
3. 공기업과 사기업의 구분 … 112
4. 공기업의 장점과 단점 … 113
5. 기업의 인재상과 핵심가치 … 114
6. 기업 경영환경과 요구역량 분석 … 117
7. 기업이 원하는 리더십 역량 키우기 … 118

Part 6 직무 분석

1. 전략적 취업 준비를 위한 직무 이해의 4단계 … 124
2. 구직자와 기업의 관점 차이 … 125
3. 개인역량과 직무역량의 근거 탐구 … 127
4. 합격과 직무에 필요한 능력 … 131

Part 7 취업 스트레스 관리와 마인드셋

1. 마인드 컨트롤 … 134
2. 신념 관리와 긍정의 셀프 토크 … 135
3. SMART 시간 관리 활용 … 136
4. 취업 성공을 부르는 셀프리더십 … 140
5. 비전과 목표 설정 … 141
6. 취업 성공에 유리한 매력 UP, 호감 UP … 145

Part 8 입사지원서 전략

1. 입사지원서의 중요성 … 150
2. 이력서 작성방법 … 151
3. 이력서 작성 시 주의사항 … 153

Part 9 자기소개서 전략

1. 자기소개서의 의미 … 156
2. 지원동기 작성법 … 157

3. 성격의 장단점 ··· 157

4. 학교생활 및 경력사항 ··· 158

5. 입사 후 포부 ··· 158

6. 자기소개서 작성 시 주의사항 ··· 158

Part 10 NCS역량 기반 입사지원서

1. NCS 기반 직업기초능력표 ··· 162

2. NCS역량 기반 입사지원서 작성법 ··· 164

3. NCS기반 입사지원서 양식 ··· 165

4. 직무능력소개서 ··· 167

5. NCS 자기소개서 ··· 169

6. 자기소개서 작성법 ··· 169

Part 11 면접 유형별 이해와 준비

1. PT면접 ··· 172

2. 토론면접 ··· 174

3. 임원면접 ··· 175

4. 인성면접 ··· 175

5. 압박면접 ··· 175

6. 블라인드 면접 ··· 176

7. 실무면접 ··· 176

8. 상황면접 ··· 176

9. AI면접 ··· 177

10. 면접단계별 주요 평가요소 ··· 178

Part 12 면접 이미지메이킹

1. 시각적 이미지 ··· 181

2. 행동적 이미지 ··· 186

3. 청각적 이미지 ··· 190

4. 면접 스피치 ··· 194

Part 13 핵심 기출 면접 질문 답변요령

1. 인성질문 유형 ··· 198

2. 회사, 직무 질문 유형 ··· 202

3. 경험질문 유형 ··· 203

4. 상황질문 유형 ··· 206

5. 추궁질문 유형 ··· 208

Part 14   취업면접 꿀팁 BEST 85 … 209

Part 15   성공하는 직장인의 비즈니스 매너

　　　1. 인사 매너 … 260

　　　2. 악수 매너 … 264

　　　3. 명함 매너 … 265

　　　4. 비즈니스 화법 … 266

부록

　　● 6가지 주제별 면접 기출문제유형 … 272

　　● 모의면접 활용에 도움이 되는 체크리스트 … 276

　　　　– 모의면접_인성면접평가 체크리스트 … 276

　　　　– 모의면접_직무역량면접 체크리스트 … 277

　　　　– 모의면접_인성 · 직무역량면접 체크리스트(공공기관) … 278

　　　　– 모의면접_PT면접 체크리스트 … 279

　　　　– 모의면접_토론면접 체크리스트 … 280

　　● 면접 당일 체크리스트 … 281

PART 1

직업과 취업의 이해

직업과 취업의 이해

1. 직업의 이해

　빠르게 변화되는 시대만큼이나 직업세계에도 많은 변화가 있다. 4차 산업혁명시대와 코로나19 등의 변수는 직업세계의 변화에 큰 영향을 주었으며 그 변화의 속도 또한 매우 빨라졌다. 이러한 변화는 노동시장, 직업의 세계에도 많은 영향과 변화를 몰고 온다. 과거에는 조직 안에서의 충성심이 중요하고 높은 자리로 올라갈수록 보상을 받는 것이 초점이었다면 오늘날은 아니다. 장기 근속과 회사와 조직을 향한 충성심을 중요한 가치로 여기지 않는다.

　직업세계의 새로운 패러다임과 빠른 변화 속에서 우리는 '나에게 맞는 직업이 무엇인지' 과연 '나는 어떻게 변화될 것인지'에 대한 고민과 이해의 시간이 꼭 필요하다. 이런 고민과 이해의 시간은 진로와 취업에 중요하게 반영된다.

노동의 시작

노동의 역사는 700만 년 인류의 역사와 일치하며 인간에게 있어 노동의 의미는 복합적이고 유기적이다. 인간과 노동은 결코 뗄 수 없는 관계이며 인간은 어떻게 하면 노동을 적게 하고 많은 산출물을 낼 수 있는지에 관심을 갖고 고민했다.

조직의 탄생

적은 노동력으로 많이 산출하는 것, 즉 효율 추구를 위해 조직이 탄생되었다. 효율을 위해 필요한 것은 도구와 분업이며 그 분업을 위해 조직이 만들어졌다고 볼 수 있다.(고대인들도 분업을 하였음)

직업의 의미

직업은 살아가는 데 필요한 돈을 벌기 위해 자신의 적성과 능력을 고려하여 어떤 일에 일정 기간 이상 종사하는 것을 말한다. 한국직업사전에서는 직업을 개인이 계속적으로 수행하는 경제 및 사회 활동의 종류로 정의하고 있다.

직업의 필수 구성요소로는 생계의 유지, 계속적인 활동, 사회적 역할의 분담, 노동행위의 수반, 개성의 발휘, 자기실현 등이 있다.

예) 아나운서, 공무원, 세무사, 경찰관, 교사, 보험설계사, 자동차 영업사원 등

그렇다면 직무란 무엇일까? 직무는 직업상 담당자에게 맡겨진 임무를 말한다.

이때 각 직위(position)에 배당된 업무(일), 직무에는 그 수행과 관련된 권한과 책임이 따르게 된다.

예) 기획, 생산관리, 유통, 연구개발, 경리, 홍보, 인사, 영업, 전략, 회계, 총무, 이사, 마케팅 등

직군은, 직무 성질이 유사한 직렬을 광범위하게 모아 놓은 무리. 직위분류제의 구조를 이루고 있는 단위 중 가장 큰 단위를 의미한다.

예) 경영, 지원직 / 영업, 유통직 / IT, 전산직 / 디자인직 등

직업이 필요한 이유

직업은 비단 경제적 소득을 얻는 것뿐만 아니라 사회적 가치를 이루기 위해 참여하는 활동이기도 하다. 넓은 의미로는 보수나 시간에 관계 없이 인간이 평생 동안 하는 '일'을 의미한다.

그렇다면 왜 직업을 갖고 일을 해야 하는 것일까? 앞서 언급했듯이 경제적 목적이 그 첫 번째 이유이다. 직업은 경제적인 보상을 통해 원하는 것을 얻을 수 있도록 해준다.

두 번째 이유는 사회적 역할 수행에 있다. 인간은 사회적 동물로서 집단을 형성해 조직의 구성원으로 살아간다. 개인이 갖는 직업은 사회에 기여하는 사회적 역할 분담의 의미를 갖는다. 단적인 예로, 소방관, 경찰관, 간호사 등의 직업은 사회에 필요한 역할을 수행하는 동시에 국가나 사회의 갈등과 문제 등을 해결하거나 운영하는 데 필요한 역할을 한다. 각 구성원으로서 각각의 역할을 분담하여 수행해 나갈 때 사회와 국가 또한 안정적으로 유지된다. 이러한 역할 분담을 하는 것이 바로 직업이다.

직업을 갖는 세 번째 이유는 개인적 의미가 큰 자아실현을 위해서이다. 일을 통해 각자가 갖고 있는 능력과 가치를 최대한 발휘하고 인정받는 것이다. 우리는 각자 다른 개성과 특성 및 능력, 흥미 등을 갖고 있다. 그에 맞는 직

업을 선택하면 단순한 생계수단과 사회적 차원 이외에 자신만의 개성을 발휘하고 자아를 실현할 수 있다.

직업의 궁극적 목표는 경제적 보상과 사회적 역할수행보다 더 우위인 자신의 능력을 발휘하여 자아를 실현할 수 있는 기회 제공이다. 우리는 직업을 통한 자아실현으로 삶의 의미와 행복, 즐거움과 보람을 느낀다.

살아감에 있어서, 사회적 구성요소로서 한 사람을 대변해 주는 것이 바로 직업일 것이다. 그 사람의 사회적, 경제적, 지적 수준 등을 보여주는 것이 바로 직업이기 때문이다.

직업 선택과 취업 준비의 기본

직업 선택과 취업 준비의 기본은 '직무에 대한 이해'와 '나 자신에 대한 이해'이다. 구직자 즉 본인이 알지 못하는 직업을 선택할 수도 없거니와 직업 정보가 없이는 취업 준비가 불가능하다. 또한 취업 시 지원분야의 선정 및 지원분야를 반영한 나만의 이야기가 담긴 자기소개서 준비는 물론이고 면접 시 직무에 대한 이해도의 수준, 직무와 관련된 나 자신에 대한 탐구의 정도에 따라 합격과 불합격이 결정될 정도로 매우 중요하다.

고령화로 인한 생애 근로기간은 길어지고 있다. 또한 4차 산업혁명시대에 접어들면서 직업의 세계에는 많은 변화가 찾아왔고 앞으로 더 많은 변화가 이어질 것으로 예상된다. 그런 만큼 직업을 탐색하고 시대의 흐름과 변화에 맞는 진로설계는 중요하다.

또한 진로와 직업 선택에 있어 요구되는 것 중 하나는 바로 다양한 경험이다. 다양한 아르바이트나 여행, 직업체험 등을 통해 내가 관심있는 것이 무엇인지, 잘할 수 있는 것은 무엇인지 탐구하는 과정이 필요하다. 그 과정에서 직업으로 연결할 수 있는 것은 무엇인지, 내가 할 수 있는 일이 무엇인지 생각하면서 그 폭을 점차 좁혀나가면 본인에게 맞는 직업을 찾는 데 도움이 될 수 있다.

직업 선택에서 고려해야 할 요소

시대가 변화되면서 워라밸('일과 삶의 균형'이라는 의미인 'Work-life balance'의 준말)을 중요시여기는 젊은 층이 많다. 하지만 여전히 직장은 인생에서 가장 많은 시간을 보내는 곳이다. 의식주를 해결해 줄 수 있는 경제적 공급과 직업을 통한 소속감, 자신의 역량과 소질을 발휘하는 곳이다. 그런 만큼 어떤 직업을 선택하고 어떤 직장을 선택하느냐는 매우 중요한 문제이다.

자신의 역량과 자질을 잘 발휘할 수 있는 직업 선택이 무엇보다 중요한데, 이때 고려해야 할 요소가 바로 흥미, 적성, 능력, 가치관, 성격 등이다. 더불어 앞으로의 직업 전망도, 부모의 기대와 지원 등도 고려해야 할 추가요소다.

2. 채용과 인적자원관리

채용의 의미

조직에서 설립목적을 달성하기 위한 직무를 담당할 사람을 뽑아서 배치하는 것을 채용 또는 충원(staffing)이라 한다. 구체적으로는 인력을 모집한 후각 지원자를 평가하여 적합한 자를 선발하고, 그들을 필요한 직무에 배치하는 과정을 의미한다.

채용이 중요한 이유

① 회사에 미치는 영향
② 개인에게 미치는 영향
③ 사회에 미치는 영향
④ 인적자원관리 시 기능별 관리비용의 효율성

인적자원관리의 목표, 기준, 주체

① **Human Resources Management**
 - 사람을 통한 조직목표 달성으로 기업의 경우: 사람을 통한 경쟁력과 기업가치 창출
 - 시대에 따라 중요한 인적자원의 내용이 달라진다.
 - 정보지식사회 : 경쟁력의 원천은 노동으로부터 지식과 역량으로 변화

② 기업의 이해관계자와 각 이해관계자의 상이한 목표
 - 회사의 이익 : 성과
 - 사원 개인의 욕구 : 만족과 개발
 - 기타 이해관계자의 효율 : 사회적 공헌

③ 인적자원관리의 가장 근본적인 두 가지 기준
 - 효율성 : 관리비용과 사원의 공헌 비교
 - 공정성 : 인간적이고 공평한 대우
 효율성과 공정성은 반드시 필요하지만 서로 상충될 때 존재의 가치가 있으며 균형을 유지하는 것이 인사 담당자의 중요한 역할이라고 할 수 있다.

④ 인적자원관리의 또 다른 기준들
 - 제도와 사람
 - 통제와 개발
 - 자산과 자본

복리후생(福利厚生, fringe benefit)의 의미

 사원이 회사에 공헌한 대가로서 지급하는 임금 외에 그들의 생활 보장과 직장 만족, 더 나아가 사용자와의 공동체적 유대감을 향상시키기 위해 노동

의 대가 외에 추가적으로 '인간적 대우'를 하는 것을 통틀어 복리후생이라고
한다.

　사회보장의 성격으로 정부의 몫이지만, 정부가 이를 모두 감당할 수 없는
경우 기업이 일부를 감당해 주기도 한다.

임금과 복리후생의 차이

- **지급관리** : 임금은 사원의 업무성과나 근로시간을 기준으로 지급되는
  직접보상이지만, 복리후생은 업무성과나 직무와는 무관하게 지급되는
  간접보상이다.
- **지급방식** : 임금은 개별 사원마다 차등 지급되지만, 복리후생은 조직구
  성원 전체 혹은 집단에 동일하게 기회가 주어진다.
- **지급요구** : 임금은 요구 없이 노동의 대가로 당연히 지급되는 것이지
  만, 복리후생은 법정 복리후생말고는 사원이 요구하지 않으면 혜택이
  없다.
- **지급효과** : 임금은 고용관계를 기초로 한 것인 만큼 경제적 이윤을 회
  사에 제공하고 임금을 받아서 경제생활에 사용하지만, 복리후생은 사
  원의 인간적 문화생활에 공헌하는 것이므로 경제적 만족보다는 심리적
  만족을 얻고 공동체의식을 높인다.

복리후생관리의 특성

- **의무와 자율** : 사원에 대한 사회보장의 차원에서 회사에서 반드시 제공
  해야 하는 복지프로그램이 있는 반면, 법을 초월하여 기업이 적극적으
  로 사원의 복지를 책임질 수도 있다.
- **관리의 복잡성** : 복리후생은 임금처럼 단순하지 않고 사원의 요구와 신
  분에 따라 다양하게 지급되므로 공정성에 특히 관심을 기울여야 한다.
- **간적 윤리성** : 임금은 노동의 대가로 지불하는 것이지만, 복리후생은

사원에 대한 인간적 처우의 성격이 있다.

복리후생의 필요성

- **경제적 이유**: 복리후생이 잘된 회사의 사원은 직장생활에 만족하고 조직에 몰입도가 높아져 생산성이 올라서 결국 회사에 이바지하게 된다.
- **사회적 이유**: 기업의 복리후생제도는 노동 이외의 부가적 급부(재물 따위를 제공해 줌)로서 근로자의 가족 중 근로에 참여하지 않은 사람들을 보호하는 의미가 있어 한 사회의 소득 구조가 평등해지는 데 일조를 한다.
- **정치적 이유**: 회사는 사원들로부터 환심과 충성을 얻기 위해, 그리고 노조의 영향력을 줄이기 위해 자발적으로 복리후생을 실시한다.
- **윤리적 이유**: 복리후생제도의 경우 돈을 번 회사는 가난한 개인을 도와야 한다는 윤리적 목적도 있다.

법정 복리후생

모든 복리후생을 회사가 자율적으로 도입하는 것은 아니므로, 최소한의 수준을 유지하도록 하기 위해 법률로써 강요하는 사회보장제도로 발전시켰다. 따라서 정부는 기업에 법률로써 강요하고 기업이 제공한 내용에 대해 상당한 금액을 세금에서 감면해 주고 있다.

사회보장의 핵심은 사원의 안전욕구를 충족시켜 주는 것으로 법정 복리후생 4대 보험의 내용은 아래와 같다.

4대 보험

① 의료보험

근로자의 질병치료를 위한 지원 형식으로 의료지원비, 입원비, 약제비, 그리고 질병으로 인한 휴직의 경우 질병 보조금의 지급 등이 해당됨

② 연금보험

근로자가 노령으로 퇴직한 후의 생계유지 또는 그의 사망 후 남은 가족의 생활을 위해 매월 급여의 일부와 회사의 부담으로 연금보험을 들어놓음

③ 산재보험

산업재해보상보험은 직업병이나 산업재해로 인하여 사고나 병을 앓는 사원과 그 가족을 보호하기 위한 것으로 업무수행과 관련이 있는 부분만 보상함

④ 고용보험

실업보험이라고도 하며, 실업을 당했을 때 사원 가족의 생계를 보호하고 그가 다른 일자리를 찾는 것까지 보호해 주자는 의미임

노동조합의 의미와 기능

노사관계란 노동을 공급하는 근로자와 공급받는 사용자 간의 개별적 고용관계에 바탕을 두고 있지만, 사실은 노동조합과 사용자 사이의 집단적 관계를 뜻한다. 즉 근로자 단체와 경영진들 사이의 요구와 문제해결이 사원집단과 관리자 집단과의 집단적 수준에서 행해진다는 의미이다.

두 단체의 상호관계는 권력관계와 협조관계라는 이중적 특징을 갖고 있다.

노사관계에 영향을 미치는 요인

- **외부 환경적 요인** : 국내 경제상황 – 정부나 법, 사회제도와 사회적 가치관, 국민여론 등
- **회사 내부 요인** : 사용자의 경영이념, 조직 분위기, 회사전통 등 회사 내 의사소통문화는 노사관계 양상과 관련이 깊으며 회사의 사업분야,

사원들의 특성 등에 따라서도 노사관계가 달라진다.

노동조합이 하는 일

- **경제적 기능** : 노동력의 판매자로서의 흥정과 교섭기능을 하면서 임금 인상, 근로조건 개선 등을 추구
- **공제적 기능** : 조합원 상호 간의 상호부조활동으로 공제조합, 공동구매 조합, 탁아시설 공동운영 등
- **정치적 기능** : 노사 간 교섭과 분쟁을 유리한 방향으로 해결하기 위한 법률의 제정과 제도 개선을 위한 정치적 기능도 필요
- **확보와 유지 활동** : 사용자에 대응하는 노동조합의 힘을 키우기 위해 노동조합 가입자 수를 늘리고, 조합원의 탈퇴를 막기 위한 활동
- **교육 활동:** 단체교섭력을 기르기 위한 노동조합 집행부의 협상력과 경영환경 분석능력, 조직의 확장과 유지를 위한 리더십 능력, 노동조합원 기술력 향상을 위한 교육 등을 실시
- **홍보와 선전 활동** : 사용자에 대한 힘의 과시, 비노동조합원에 대한 가입 권유 등 홍보와 선전을 하여 조직의 위력을 알리는 활동
- **조사와 연구 활동** : 사용자에게 타당한 요구를 하기 위해 생계비 조사, 회사의 영업실적, 경쟁사와의 비교, 사업전망, 국제정세 파악 등을 위한 각종 조사와 연구
- **지역사회 활동** : 기업이 속한 지역사회는 근로자와 그 가족의 생활과 밀접한 관계가 있으므로 지역봉사, 휴양시설, 학교, 주택 등과 관련한 지원활동

노동조합이 미치는 영향

- **긍정적 영향** : 복리후생제도를 강화, 증대, 자발적 이직의 감소, 생산성 과 기업 성장에 긍정적 영향

- **부정적 영향** : 노동조합원들이 비조합원보다 직무만족도가 낮고 관리
  자와의 갈등이 더 큼
  조합원들 간의 소득격차를 오히려 증대시킬 수 있으며 노동조합의 존재
  가 근로자의 임금상승을 가져오는지 확실한 증거가 없음

기업의 인적자원관리와 변화

기업의 인적자원관리에는 다양한 활동이 있다. 채용, 선발, 승진, 교육,
평가, 이직 등이 가장 대표적이다. 또한 인력수요예측, 승진 이동, 전략적
인적자원관리, 퇴직관리, 인사정보시스템 관리, 여성인력관리, 직무분석,
산업재해관리, 보상관리 교육훈련, 해외인사관리, 이직·해고, 복리후생관
리, 인사평가, 노사관리, 경력개발, 직무설계 등의 활동도 있다.

기업의 조직경영은 지속가능한 경영을 위해 조직의 목표가 변화하고 있고
그에 따라 인적자원관리의 중요성은 계속해서 커지고 있다. 최근 조직경영
의 중요한 성과가 되고 있는 창의와 혁신은 모두 인적자원으로부터 나온다.
따라서 훌륭한 인적자원인 인재 채용을 위해 기업들은 매우 많은 노력을 한다.

기업 인적자원관리의 변화

① 가부장적 관리

산업혁명 초기 기업은 10~20명의 사원을 보유한 가내공업의 형태로 당
시의 기업주들은 근로자에 대하여 아버지와 아들의 관계와도 같은 가부
장적인 리더십을 행하였다. 그 과정에서 기업주는 근로자의 기본적인 생
계 및 생활을 보호한다는 측면에서 복리후생을 도입하였고 기업에서 사
원들에게 베푸는 복리후생은 가장이 가족에게 베푸는 보호와 은혜로 인
식되는 경향이 컸다.

② **전체적 관리**

산업화가 급속도로 진행됨에 따라 이농현상이 나타나면서 공급과잉의 노동시장은 기업중심의 시장이 되었고 기업주 마음대로 고용과 해고를 하는 등 절대적인 권한 행사가 지배적이었다.

③ **협의적 관리**

근로자들의 직무능력과 의식수준이 높아져 더 이상의 착취적, 전제적 인적자원관리가 불가능해지면서 동시에 복지문제가 대두되고 민주적 관리의 기초가 시작됐다.

현대적 인적자원관리의 발전

- **합리성의 강조** : 20세기 전후 미국을 중심으로 대규모 공장과 대기업, 그리고 철도, 도로, 통신 등의 산업화를 가속화시키는 사회 간접시설들이 급격히 증가. 이에 관리방식과 임금 결정방식에 대해 관리자마다의 새로운 의견 제시
- **인간성의 강조** : 합리성을 강조한 관리법은 인간의 기계화, 경제적 동물, 노동착취만을 부추기는 것이라는 회의에서 시작. 인간중심의 관리법에 대한 관심 증대
- **사원 강조** : 1970년대에 들어서면서 인적자원관리라는 용어가 등장하면서 사원들이 기업의 중요한 성공요소로써 기여할 수 있다는 것을 인식하고, 자본가뿐 아니라 노동자를 지향하여 그들의 삶의 수준을 높여 기업의 생산성을 높여야 한다는 주장

3. 4차 산업혁명과 직업 환경의 변화

4차 산업혁명이란, 기존 가치사슬(value chain)에 인공지능(AI)과 빅데이터, 사물 인터넷(IoT) 등의 첨단기술이 결합해 새로운 가치가 더해지고, 효율성이 극대화된다는 의미를 담고 있다. 4차 산업혁명은 인간의 신체능력과 인지능력을 뛰어넘는 기술발전 속도, 기술·업종 간 융·복합화, 초연결(hyperconnected) 등의 특징으로, 1, 2, 3차 산업혁명에서 볼 수 없었던 파괴력을 직업세계에 미칠 것으로 예상되고 있다.

많은 직업과 일자리가 사라지고 새로 생겨날 것이다. 하는 일의 내용이 바뀌고 새로운 직업능력을 필요로 하게 될 것이다. 4차 산업혁명시대에는 수학과 과학, 컴퓨터를 잘하는 사람만 필요한 것이 아니라, 인문사회학적 지식을 바탕으로 컴퓨터와 IT기술을 잘 이해하고 활용할 수 있는 능력도 중요해질 것이다.

농업혁명, 산업혁명, 정보화 혁명 등 이전의 역사적 순간에도 인간이 사회·경제의 주체였던 것처럼, 4차 산업혁명시대에도 생산과 소비, 혁신의 주체는 사람이다. 사회가 발전하고 복잡해질수록 사람의 융·복합 능력과 문제해결능력은 더 중요해질 것이다.

4차 산업혁명의 대표적 특징

① 초연결시대(사물인터넷, 클라우드)
② 멀티플레이어 시대
③ 지식 노동자의 업무가 획기적으로 줄 것
④ '士'자들의 시대가 감
⑤ 경력관리의 개념이 달라짐

4차 산업혁명시대에 요구되는 인재상

① 복잡한 문제 해결능력이 뛰어난 사람

- 직무에서 가장 중요한 핵심역량이 될 것
- 융복합과 초연결로 인한 현실세계의 복잡성 증대
- 단순한 문제는 인공지능과 알고리즘에 의해 해결

② 학습 민첩성이 뛰어난 사람

- 과거보다 훨씬 많은 직무 or 업무역량 경험
- 지식 반감기가 빠른 속도로 단축(2~3년 주기)

③ 협업능력이 뛰어난 사람

- 융합/복잡도 상승, 초연결 > 협업의 중요성 증대
- 전체 인력의 30~40%가 프리랜서 > 협업범위 확대

④ 디지털 역량이 뛰어난 사람

- SW 통한 HW 가치 상승의 4차 산업혁명
- 디지털 = 학습과 문제해결 능력을 증폭시키는 역량

⑤ 공감 소통능력이 뛰어난 사람

- 사람들의 욕구(needs)를 이해하는 사람
- 공감하고 소통할 수 있는 사람

4차 산업혁명시대에 나만의 유망직업 찾기 절차

- ① 나만의 유망직업 조건이 무엇인지 명확히 인식하기
- ② 나만의 유망직업 기준에 적합한 직업이 무엇인지 탐색하기
- ③ 나만의 유망직업에 필요한 자격조건 확인하기
- ④ 나의 현재위치 인식하기(자격조건 충족 수준)

⑤ 목표 직업 달성을 위한 실행계획 세우기

⑥ 실천하기

4. 최근의 취업시장 동향 BEST 18

① 선호하는 인재상의 변화

21세기형 인재상의 키워드는 통합과 융합이다. 통합과 융합을 통한 새로운 콘텐츠를 창출해 내는 창의력을 보유한 인재가 21세기형 인재상이다. 더불어 인성과 직관 능력을 보유한 인재를 기업에서는 선호한다. 전문성을 요구하던 21세기 초반과는 다르게 자신의 영역에서 최고의 전문가보다는 한 분야에서만의 전문성이 아닌 다양한 분야에 대한 지식과 경험이 풍부한 융합과 통합을 통한 새로운 아이디어를 창출해 내는 창의력이 요구되는 인재로 변화되었다. 요컨대, 가장 핵심적인 역량은 창의력이 되었다.

이는 높은 학벌과 관련 자격증, 외국어 능력, 실무 경험 등을 두루 갖춘 스펙과 전문지식을 갖춘 인재를 채용하려던 분위기에서 블라인드 채용이 본격화되자 변화가 시작되었다.

② 직무 중심의 역량 강조

기업 간의 경쟁이 치열한 글로벌 시장에서 경쟁 우위를 점하기 위해서는 단연 우수한 인력 채용이 중요할 수밖에 없다. 우수한 인력을 채용하는 데 가장 좋은 것은 바로 직무 중심의 채용일 것이다.

그로 인해 높은 스펙의 인재를 뽑았던 과거와 달리 최근에는 위기 관리 능력이나 창의적인 생각을 할 수 있는 역량을 갖춘 인재를 선호한다. 기업 인사담당자 10명 중 약 4명은 올해 채용 트렌드 1위로 '직무중심 채용 강화'를 꼽았다.

③ NCS, 직무역량 평가의 능력 중심 채용

취업포털 사이트에서 조사한 기업 인사담당자 279명에게 '최신 채용 트렌드는 무엇이라고 생각하는가?'라는 내용을 조사한 결과, 'NCS, 직무역량 평가로 능력 중심 채용'을 꼽은 응답자가 38.4%로 가장 높았다. 최신 대기업 대졸신입 공채 채용 전형에 '직무 적합성 평가'를 도입하는 등 대기업 신입 공채를 중심으로 지원자의 직무역량을 높이 평가하는 채용 트렌드가 확산됐다. 국가직무능력표준(NCS)을 기반으로 한 채용 전형을 도입하는 공기업들이 증가했는데, 지속적으로 이러한 추세가 이어질 것으로 보인다.

④ 공채 개념의 변화

1년에 한두 번 일정 기간을 두고 대규모 채용을 하던 방식에서 수시·상시 채용으로 채용시장의 변화가 이어지고 있다. 대규모 채용이 통상적이었던 분위기에서 직무별 필요 인력을 소규모로 수시·상시 채용하는 변화는 앞으로도 더 이어질 것으로 예측된다. 대기업의 60% 이상이 소규모 상시채용이라는 통계가 이를 입증해 주고 있다.

⑤ 수시채용 확대의 가속화

최근 정기공채의 비중은 축소되고 수시채용 확대의 가속화가 두드러지고 있다. 규모가 작은 중소기업의 경우 수시채용이 일반적으로 활용되는 것에 비해, 대규모 정기공채 방식을 주로 택하던 대기업들이 그룹 공채에서 점차 계열사별 공채로 전환하더니 이제는 직무 중심의 수시채용을 확대하고 있다.

한국경제연구원의 조사 결과에 따르면 300인 이상의 기업 중 대졸신입 직원을 정기공채 이외에 수시채용으로도 뽑는 기업이 55%로 나타났다. 또한, 이 기업들의 정기공채와 수시채용 비중은 각각 35.6%, 63.3%로, 수시채용이 정기공채에 비해 27.7% 높았고, 특히 수시채용 비중이 90% 이상인 응답도 29%로 나타나는 것으로 조사되어 수시채용 확대의 흐름을 엿볼 수 있다.

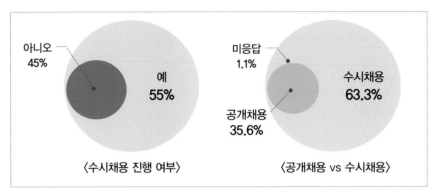

〈수시채용 진행 여부〉　　〈공개채용 vs 수시채용〉

출처 : 2019년 주요 대기업 대졸 신규채용 계획, 한국경제연구원

또 다른 설문 결과도 수치상의 차이가 다소 있지만 결국 기업들이 가장 많이 활용하는 채용은 '수시채용'이라는 결과가 나왔다. 그 결과는 수시(76%), 공채(73%), 추천(49%) 순으로 나타났다.

채용 시 활용하는 채용형태

⑥ 영상 미디어를 활용한 채용

객실승무원, 방송아나운서 등 특정 분야에서만 이루어졌던 자기소개 동영상 지원이 확대되고 있다.

⑦ 보편화된 온라인 채용

인터넷을 활용한 온라인 시장의 보편화는 지원자들 간의 적극적 정보 교환이 보편화되었다. 또한 채용과정에서 단순한 선발과정이 아니라 지원자들에게 회사를 알리는 또 하나의 의미를 제공하기도 한다.

⑧ 경력직 채용 선호

과거 신입사원 선발을 우선시했던 기업들이 경력 있는 전문인력 채용을 확대하고 있다. 신입사원을 선발하면 교육기간이 필요하고 업무 적응기간도 필요한데, 경력직을 채용하면 그 과정을 어느 정도 생략할 수 있기 때문이다. 전체 채용의 2/3가 경력직을 채용한다는 통계가 있을 정도로 경력직 선호가 채용시장의 또 다른 변화가 되었다.

⑨ 고용 패턴의 변화

과거 학력 중심의 고용 패턴에서 최근에는 실력 위주 NCS 기반의 블라인드 채용패턴이 이어지고 있다. 그리고 눈에 띄게 여성전문 인력이 증가되고 있으며 또한 시니어 인력들의 인생 2모작 취업시장도 확대되고 있다.

⑩ 비정규직의 채용 확대

비정규직 채용은 기업, 공공기관들의 인건비 부담을 줄이기 위한 하나의 방편이었다. 현재 신규 채용의 과반수 이상을 차지할 정도로 정규직에 비해 비정규직의 채용은 지속적으로 확산되고 있다. 조직에 따라 비정규직 채용 후 정규직으로 전환하는 방식도 있으며 정부의 정책에 따라 일부 비정규직이 정규직 전환으로 이어지고 있기도 하다. 이는 사회적 이슈로 여전히 뜨거운 감자이기도 하다.

⑪ AI 채용기업 증가추세

기업들의 AI 채용은 꾸준히 증가추세를 보이고 있다. 신규채용에 있어 '인공지능(AI) 활용' 여부에 대해서는 77.9%(102개사)가 '활용할 계획이 없다', 10.7%(14개사)는 '활용할 계획이 있다', 11.4%(15개사)는 '이미 활용한다'고 응답했다. 이는 전년도에 비해 AI 기활용기업(7개사)과 활용계획기업(10개사)이 모두 증가해 AI채용이 확산추세에 있음을 보여준다.

AI 기활용기업은 '서류전형'(9개사)과 '실무면접'(7개사, 중복응답)을 활용하고 있다고 응답했다. 한국경제연구원은 "실제 롯데, CJ, SK 등은 직무 적합도, 자기소개서 표절 여부, 필요 인재 부합도 등을 구분해 내는 데 AI를 활용하고 있고 면접에서도 AI 활용기업이 증가하는 만큼 기업의 인재상, 직무분석 등에 대한 사전 준비가 필수적"이라고 강조했다.

⑫ 채용 프로세스 대행의 보편화

온라인으로 진행되는 채용방식의 변화로 인해 지원자 수가 급증하면서 중복 지원자가 많아졌다. 이로 인해 채용을 진행하는 기업의 입장에서는 심적 부담이 커지고 관리 역시 어려워지자 채용 전문기관에 아웃소싱하는 경향이 있다.

⑬ 채용의 양극화 현상

여전히 취업준비생은 대기업과 공공기관, 공무원을 선호한다. 채용시장의 특징 중 절대 변함이 없는 것이 취업 준비생의 선호도 순위이다. 반면에 중소기업들은 인력난에 어려움을 호소하고 있으며 그 자리를 외국인 노동자들이 채우고 있다. 이런 양극화 현상은 취업채용시장의 또 하나의 문제로 대두된 지 오래다.

⑭ 인성·적성 검사의 확대

채용 이후 조직에서의 소통능력은 물론이고 감정 관리 등 지원자가 어떤 인력인지 파악하기 위한 인성·적성 검사는 계속해서 강화되고 있다. 기업들의 통계를 보면 인성·적성 검사 활용도는 약 60%나 되고, 이 검사의 당락 활용도는 무려 약 78~80%로 나타나고 있다.

⑮ 무(茂)스펙에서 무(無)스펙?

먼저 인사담당자 309명에게 무스펙 채용에 대해서 어떻게 생각하는지 물었다. 조사 결과, 인사담당자 66%는 무스펙 채용에 대해서 '긍정적'으로 생각한다고 답했다. '부정적'이라는 의견은 이의 절반에 불과한 34%에 그쳤다.

인사담당자들이 무스펙 채용을 긍정적으로 생각하는 이유는 무엇일까? '스펙이 좋아도 실질적으로 능력이 없는 사원들을 많이 봐왔기 때문에 (36%)'라는 답변이 가장 많았고 '스펙말고도 평가할 부분이 있기 때문에 (27%)'가 그 뒤를 이었으며, '스펙으로만 사람을 판단하기에는 부족하므로(24%)', '스펙이 좋은 사람이 너무 많아 평가하기 힘들어서(7%)' 등의 응답이 이어졌다.

⑯ Over Spec보다는 직무와 관련된 경험 중시

이제 기업에서는 직무를 수행하는 데 영향을 주지 못하는 불필요한 Over Spec은 평가하지 않겠다는 것이다. '실질적인 영향'을 미치는 주요한 역량의 평가에 대해서는 보다 다양하고, 까다롭게 '검증'하겠다는 의도가 크다.

인사담당자들은 무스펙 지원자를 실제로 채용한 적이 있을까? 인크루트 조사결과, 전체 응답자 중 61%는 '실제로 채용했다'고 답했고, '채용한 적이 없다'는 응답은 39%였다.

무스펙 지원자를 실제로 채용한 이유는 '스펙이 없어도 실질적인 업무경험이 많아서'가 전체 응답률 24%로 가장 많았고, '지원 직무에서 갖춘 직무역량이 무스펙을 커버해서(17%)'가 그 뒤를 이었으며, '지원자의 뚜렷한 입사 계획이 보여서'가 16%, '스펙 이외에 남들과는 차별화된 요소가 있어서'가 14%로 집계되었다. 조사결과에서 알 수 있듯이 인사담당자들은 인재를 선발할 때 '직무'를 중점적으로 평가하는 것으로 나타났다.

⑰ 대졸신입 채용 감소

2019 대졸신입직원 채용은 '작년과 비슷'(55.0%), '작년보다 감소'
(31.3%), '작년보다 증가'(13.7%) 순으로 조사됐다. 지난해 조사결과와
비교했을 때, '작년보다 감소' 응답은 7.5%p 높아지고, '작년보다 증가'
응답이 5.1%p 낮게 나타나 올해 대졸신입 채용시장이 지난해에 비해 다
소 축소될 것으로 보인다.

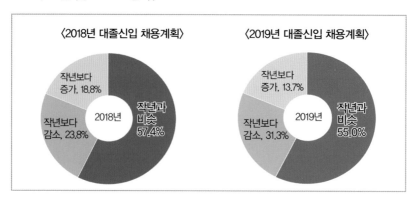

⑱ 인턴사원 정규직 전환

인턴사원 채용에 대해 42.0%(55개사)가 뽑고 있다고 응답했다. 인턴사
원 채용 기업에게 '정규직 전환 가능 인턴제도' 도입 여부를 물어본 결과,
81.8%(45개사)가 '이미 도입', 12.7%(7개사)가 '도입 계획이 있다'고 답한
반면 5.5%(3개사)는 '도입할 계획이 없다'고 응답했다.

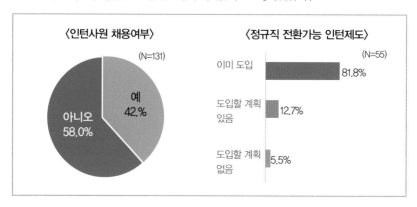

2019년 주요 대기업 대졸 신규채용 조사결과

Q01 올해(상반기+하반기) 신입+경력직을 포함한 귀사의 신규채용 규모는 작년에 비해 어떻습니까?

① 작년보다 감소 33.6% ② 작년과 비슷 48.9% ③ 작년보다 증가 17.5%

Q01-1 귀사의 신규채용이 작년보다 감소할 거라 응답했다면 그 이유는 무엇입니까?

① 국내외 경제 및 업종 경기상황이 좋지 않아서 47.7%

② 회사 내부상황(예: 구조조정, 분사 등)으로 신규채용 여력이 줄어서 25.0%

③ 최저임금 인상 등 인건비 부담이 늘어서 15.9%

④ 비정규직의 정규직 전환으로 신규채용 여력이 줄어서 0.0%

⑤ 필요한 직무능력을 갖춘 인재 확보가 어려워서 4.5%

⑥ 정년연장으로 퇴직자가 줄어들어 T/O가 부족해서 4.5%

⑦ 기타 2.4%

Q01-2 귀사의 신규채용이 작년보다 증가할 거라 응답했다면 그 이유는 무엇입니까?

① 근로시간 단축으로 부족한 인력의 충원을 위해서 8.7%

② 회사가 속한 업종의 경기상황이 좋거나 좋아질 전망이어서 26.1%

③ 경기상황에 관계 없이 미래의 인재확보 차원에서 43.5%

④ 대기업이 신규채용을 늘려야 한다는 사회적 기대에 부응하기 위해 4.3%

⑤ 정부의 경기진작 지원정책 등으로 인해 하반기 경기회복 기대 8.7%

⑥ 기타 8.7%

Q02 올해(상반기+하반기) 귀사의 대졸신입직원 신규채용 규모는 작년에 비해 어떻습니까?

① 작년보다 감소 31.3% ② 작년과 비슷 55.0% ③ 작년보다 증가 13.7%

Q02-1 귀사의 상반기 대졸 신규채용 직원 중 이공계 졸업생의 비중은 어느 정도입니까?

평균 56.9%

Q02-2 귀사의 상반기 대졸 신규채용 직원 중 여성의 비중은 어느 정도 입니까?

평균 20.5%

Q02-3 귀사는 대졸 신규채용에 있어 非수도권 지방대학 출신을 일정 비율 선발하는 인사 기준이 있습니까?

① 있다 4.6% ② 없으나 일정 비율 뽑는 것을 고려 중이다 14.5%
③ 없다 80.9% ④ 모름/무응답 0.0%

Q03 올해(상반기+하반기) 귀사의 고졸 신입직원 신규채용 규모는 작년에 비해 어떻습니까?

① 작년보다 감소 28.3% ② 작년과 비슷 64.1% ③ 작년보다 증가 7.6%

Q04 올해 귀사의 대졸신입직원 최종합격자가 입사를 거절하거나 포기한 적이 있습니까?

① 있다 72.5% ② 없다 27.5%

Q04-1 입사 거절이나 포기의 이유는 무엇이었습니까?

① 다른 기업에 중복 합격해서 74.7%

② 더 좋은 직장을 구하기 위해서 11.6%

③ 근무지역 또는 배치된 직무가 마음에 들지 않아서 7.4%

④ 연봉 수준이 기대에 못 미쳐서 6.3%

Q05 귀사는 대졸 신규채용에 있어 블라인드 채용을 도입했거나, 도입할 계획이 있습니까?

① 이미 도입 29.0% ② 도입할 계획 있음 22.9% ③ 도입할 계획 없음 48.1%

Q05-1 귀사는 채용전형의 어느 단계에서 블라인드 채용을 활용하고 있습니까? (중복응답)

① 서류전형 60.5% ② 실무면접/토론 81.6% ③ 임원면접 42.1%

Q06 귀사는 올해(상반기+하반기) 신규채용에 있어 인공지능(AI)을 활용하고 있습니까?

① 이미 활용 11.4% ② 활용할 계획 있음 10.7% ③ 활용할 계획 없음 77.9%

Q06-1 귀사는 채용전형의 어느 단계에서 인공지능(AI)을 활용하고 있습니까? (중복응답)

① 서류전형 60.0% ② 실무면접/토론 46.7% ③ 임원면접 6.7%

Q07 귀사는 올해(상반기+하반기) 정규사원 이외에 인턴사원을 뽑고 있습니까?

① 예 42.0%   ② 아니오 58.0%

Q07-1 귀사는 정규직 전환이 가능한 인턴사원제도를 도입했거나, 도입할 계획이 있습니까?

① 이미 도입 81.8% ② 도입할 계획 있음 12.7% ③ 도입할 계획 없음 5.5%

Q08 귀사는 올해(상반기+하반기) 대졸신입직원 수시채용을 진행하고 있습니까?

① 예 55.0%   ② 아니오 45.0%

Q08-1 귀사의 공개채용과 수시채용의 비중은 어느 정도입니까?

(평균값) 공개 35.6%, 수시 63.3%

Q09 귀사가 채용 시 활용하는 채용형태에 모두 체크하여 주십시오.(중복응답)

① 공개채용 73.3% ② 수시채용 75.6% ③ 추천채용 48.9%

④ (정규직 전환형) 인턴채용 44.3% ⑤ 산학장학생 채용 13.7%

⑥ 오디션 채용 2.3% ⑦ 채용박람회 활용 32.1% ⑧ 기타 0.0%

출처 : 한국경제연구원

PART
2

취업전략 세우기

취업전략 세우기

1. 진로고민 유형과 해결활동 가이드

우리나라 대학생들의 대표적인 진로 고민 유형은 크게 7가지로 구분할 수 있다고 한다. 구체적으로 무엇을 해야 할지 모르는 경우(구체적 진로 대안이 없음), 혹은 현재의 전공이 본인의 적성에 맞지 않아 고민인 경우(전공-적성 불일치)로 고민하고 있었으며,  막연히 취업에 대해 걱정하는 경우(취업에 대한 막연한 걱정)도 한 예이다. 또한, 직업을 어떻게 선택하고 선택한 직업에 어떻게 도전할지에 대한 방법을 몰라서 고민인 경우(직업선택 및 구직방법을 모름), 혹은 자신이 희망하는 진로를 부모님이 반대하셔서 갈등을 겪는 경우(부모와의 갈등), 진로계획을 실천하지 못하는 문제(준비 행동문제), 성적이 좋지 않아 걱정인 경우(성적문제) 등 매우 다양하다.

진로문제 유형	내용
1	구체적 진로 대안 없음
2	전공이 나의 적성에 맞지 않음
3	취업에 대한 막연한 걱정
4	직업 선택 및 구직방법 모름
5	진로 결정 시 부모님과의 의견 차이로 인한 갈등
6	진로계획을 실천에 옮기지 못함
7	성적이 좋지 않음

출처 : 이제경·김선경·선혜연(2012), 대학생의 효율적 진로상담체계구축을 위한 진로문제 유형 분류와 개입방안, 한국기술교육대학교 HRD연구센터

TIP! 구체적 진로 대안이 없는 경우 활동 가이드

- 자신의 적성, 흥미, 성격, 가치관 검사를 받아보도록 한다.
- 부모가 기대하는 직업에 대해 알아보도록 한다.
- 어린 시절의 꿈은 무엇이었는지 회상을 통해 관심분야를 함께 알아본다.
- 과거 경험(초등학교, 중학교, 고등학교)을 되돌아보면서, 특별히 기억에 남는 의미 있는 사건(칭찬받았던 일, 즐거웠던 일, 상 받은 일, 몰입했던 일)을 회상하게 하여 진로영역으로 연결해 보도록 한다.
- 자신의 미래 모습을 상상해 보도록 한다.
- 인터넷이나 영화, 책 속에서 직업에 대한 종류를 알아보도록 한다.
- 진로가계도를 통해 가족 내 직업분포를 알아보도록 한다.
- 아르바이트 경험이 있는지, 어떤 경험이었는지 이야기해 본다.
- 인생의 큰 그림(비전, 장기목표)을 그려보도록 한다.
- 내가 보는 나(성격, 좋아하고 싫어하는 활동, 가치관, 좋아하고 싫어하는 과목)와 남이 보는 나에 대해 생각해 보도록 한다.

TIP! 전공이 나의 적성에 맞지 않는 경우 활동 가이드

1 전공이 적성에 맞지 않는 근거를 찾도록 돕는다.
　① 전공이 적성에 맞지 않는다는 것이 어떤 의미인지 탐색하게 한다.
　② 현재의 전공에 대해서 정확하고 자세히 알고 있는지 탐색하게 한다.
　③ 하나의 전공이라도 매우 다양한 진로가 펼쳐질 수 있는 가능성이
　　있음을 알도록 돕는다.
　④ 본인이 속한 전공을 마친 선배들은 어떤 직업 경로를 갖고 있는지
　　탐색하게 한다.
　⑤ 현 전공의 커리큘럼, 졸업 후 진로에 대해 학생이 잘 알고 있는지
　　탐색하게 한다.

2 구체적인 적성을 탐색하도록 돕는다.
　① 학생이 자신의 적성, 능력, 흥미, 가치 등에 대해 검토하도록 한다.
　② 전공과 상관없이, 자신이 관심 있는 영역을 찾아보도록 한다.
　③ 처음에 전공을 선택한 이유와 동기를 탐색하게 한다.
　④ 학생이 어떤 삶의 비전과 가치관을 갖고 있는지를 파악하여, 그에
　　따른 전공을 선택하도록 돕는다.

TIP! 취업에 대한 막연한 걱정을 하는 경우 활동 가이드

● 취업과정에서 어렵다고 생각되는 점, 자신 없는 것이 무엇인지 살펴본다.
● 구체적으로 원하는 기업에 대해서 최대한 알아보기(인터넷, 신문기사),
　회사에 다니는 사람을 만날 수 있는 방법을 알아보고 연락을 취해 만
　나기, 채용설명회 참석이나 기업방문 등을 많이 하도록 지도한다.
● 상담센터에서 하는 다양한 프로그램(CDP, CAP+, 취업성공패키지 등)
　에 참여해 보도록 한다.
● 학생입장에서 현재 예상되는 상황들(면접, 시험, 서류 준비 등)을 떠올

려보고, 연습과 대비를 하도록 격려한다.

● 과거 취업 도전 경험을 떠올려보고 탈락 경험이 있다면 무엇이 원인이었고, 어떻게 극복해 나갈 수 있을지 탐색하게 한다.

● 자신의 준비상태를 점검한 뒤, 준비를 철저히 하면 걱정할 것은 없다는 믿음을 갖게 한다.

● 올바른 취업 준비를 위해서 가장 요구되는 것은 내가 지원하려는 직무에 대한 이해와 그 직무 수행에 대한 범위 혹은 그에 따르는 역할을 이해하는 것이다. 그러나 많은 취업 준비생, 구직자들이 이 부분을 놓치고 있다.

TIP! 직업 선택 및 구직방법을 모르는 경우 활동 가이드

1 학생의 자기 탐색을 돕는다.
① 현재의 진로와 관련한 생각을 정리하게 한다.(예, 현재 어떤 단계인지? 선택을 못했는지? 선택은 했는데 방법을 모르는지?)
② 무엇을 하고 싶은지, 무엇이 되고 싶은지를 탐색하게 한다.
③ 직업 가치관, 즉, 직업선택에서 무엇을 중요하게 여기는지 기준(경제적 보상, 직업적 안정성, 사회적 인정, 명예 등)을 탐색하게 한다.

2 계획 수립을 안내한다.
① 자신의 여건에 비추어 취업준비 계획을 수립하도록 한다.
② 계획이 적절히 이행되는지를 점검하도록 돕는다.

3 직업정보 탐색을 돕는다.
① 교내에서 실시하는 다양한 취업지원서비스에 참여하게 한다.
② 선택한 분야에 취업하기 위한 방법을 탐색하게 한다.
③ 필요시 이력서와 자기소개서 작성을 연습하도록 과제를 내준다.

④ 지금 있는 학과에서는 주로 어떤 분야로 취업하는지를 탐색하게 한 후 그 취업단계마다 필요한 것들을 찾아보게 한다.

4 계획한 것들을 실천할 수 있도록 돕는다.

① 직업 목표를 달성하기 위한 세부적인 계획을 짜보게 한다.

② 취업스터디활동 및 진로프로그램 참여를 독려한다.

③ 직업 준비활동을 격려하고 지지해 준다.

5 의사결정을 할 수 있도록 돕는다.

① 합리적 직업 선택을 위한 비교표를 주고 점수를 매기게 한다.

② 원하는 직업을 2, 3가지 정도로 압축해 보도록 하고, 그 직업을 어떻게 하면 가질 수 있을지 구체적으로 생각해 보도록 한다.

TIP! 부모님과의 의견차이로 갈등을 겪고 있는 경우 활동 가이드

1 합리적 의사결정방법을 안내한다.

① 학생이 부모님과 부딪히고 있는 갈등과 이로 인한 어려움을 공감한다.

② 자신의 원하는 직업이 제대로 결정된 것인지 확인하도록 한다.
(예, 충분한 자기 이해에 기반하였는가? 자신이 하고 싶어 하는 일이 자신의 흥미, 적성, 성격, 가치관 등과 잘 맞는 것인가? 진입하려는 직업에 대한 어려움은 인식하고 있는가? 장기적인 관점에서 그 직업의 전망에 대해 충분히 알고 있는가? 등)

③ 학생이 원하는 진로 대안을 명료화하도록 돕는다.

2 부모와 갈등하는 영역을 타협할 수 있도록 돕는다.

① 비교표 작성을 통해 부모님과 자신의 차이점을 명료화하게 한다.

② 부모님 의견을 따르지 않을 경우 우려되는 부분에 대해 탐색하여, 그 두려움이 타당한지, 그리고 그 두려움에도 불구하고 현재의 결

정을 고수하고 싶은지 알아보도록 돕는다.

③ 자신이 하고 싶어 하는 일과 부모가 기대하는 직업에 대하여 구체적
으로 조사하게 함으로써, 차이점이 무엇인지 분명하게 알도록 돕는다.

④ 학생이 원하는 방향을 선택할 경우에 얻게 되는 것과 잃게 되는 것에
대해 알아보게 한다.

TIP! 성적이 좋지 않아 고민인 학생의 경우 활동 가이드

1 **희망 진로를 구체화하도록 돕는다.**

① 희망하는 진로 목표를 수립하게 한다.

② 진입하고자 하는 진로에서 요구하는 것을 수집하도록 한다. 막연
히 성적, 어학 시험을 준비하려고 하지만, 실제로는 희망진로에서
요구하지 않는 것일 수도 있기 때문이다.

③ 취업이라는 분명한 목표를 설정하고 희망 직업과 희망 기업도 선택
하게 한다.

④ 학교생활 중 본인이 재미있고 시간을 많이 보내는 활동을 탐색하
도록 한다. 의외의 곳에서 진로계획 및 목표 수립이 새롭게 시작될
수도 있기 때문이다.

2 **자기 효능감을 높여준다.**

(자기 효능감(self-efficacy)이란 어떤 분야나 특정 활동에 대해 학생 스
스로 얼마나 잘할 수 있다고 생각하는지와 같은 주관적인 평가라고 볼
수 있다. 진로와 관련된 문제를 해결하고 목표를 달성해 나가는 데 있어
학생 스스로 긍정적 자기 평가를 하는 심리적 특성은 그 결과에도 매우
중요한 영향을 준다.)

① 성적뿐만 아니라 나이, 성별, 전공 등 현재 바꿀 수 없는 부분들에 대
해 걱정하는 경우 내가 지금부터 할 수 있는 것, 해야 하는 것들을 중

심으로 미래지향적으로 사고하도록 한다.

② 채용 시 성적보다는 자신의 희망직무에 강점을 가지고 있는 것을 내세워 맞춤형 취업준비를 하도록 돕는다.

③ 취업 스펙이 좋지 않은 경우에는 자신감도 결여되고 의기소침해져서 본인이 들어갈 수 있는 수준보다 훨씬 낮은 회사를 고려하는 경우가 많다. 따라서 교수는 학생에게 기업의 채용과정이나 채용방식 등에 대해서 구체적으로 설명해 주거나 알아보도록 하고, 학생의 강점에 집중하여 자신감을 북돋아준다.

3 학점을 높이거나 다른 스펙을 쌓도록 돕는다.

① 원하는 취업분야와 자신을 비교할 때 얼마나 부족한 상황인지 그 차이를 확인하고, 어떻게 그 차이를 메울 수 있을지에 대해 정리해 보고, 실천계획을 세우도록 돕는다.

② 자신의 취업목표가 정해져 있는지, 그 목표에 해당하는 스펙 중 성적이 많은 부분을 차지하는지 탐색하게 한다.

③ 4학년 현재 성적이 좋지 않다면 남은 학기나 계절 학기를 이용하여 최대한 끌어올리거나, 취업 시 성적보다는 다른 경력사항으로 자신의 강점을 어필하도록 돕는다.

2. 진로 · 취업을 위한 학년별 점검 포인트와 로드맵

학년	활동 내용
1학년	• 현재 선택한 학교, 학과 및 전공에 잘 적응하고 있는지 확인하기 • 다양한 측면(가치, 흥미, 적성, 진로, 포부 등)에서 자기를 이해하고 수용하도록 돕기 • 학생 자신의 관심 분야 및 직업 세계에 대해 탐색하고 정보수집 활동 안내하기

2~3학년	• 좀 더 구체적으로 학생 자신의 진로 및 취업 목표를 설정하도록 가이드하기 • 지속적으로 관심분야 및 취업관련 탐색과 정보수집 활동이 이루어지도록 돕기 • 필요한 진로, 취업 역량(어학능력, 리더십, 봉사활동, 인턴십 등)을 개발 촉진 시키기
4학년	• 졸업에 필요한 필수 자격시험(학점, 자격증, 기타 요건) 충족 여부 점검하기 • 결정한 진로 및 취업 분야에 대하여 최종적으로 검토하고 확인하도록 하기 • 최종 진로 결정에 따른 진학, 취업 준비 및 구직활동의 시작 여부 확인하기

출처 : 강혜영 · 이제경(2010), 대학교수를 위한 상담가이드북, 학지사

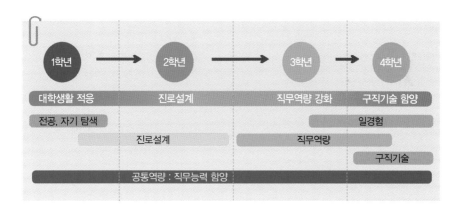

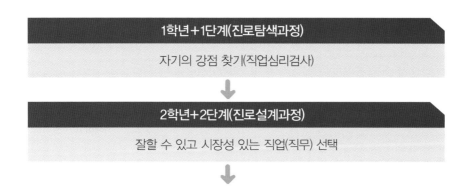

3학년+3단계(경력개발과정)

선택한 직업(직무)에 해당하는 기업 리스트 확보

(저학년[다수기업] →고학년[소수기업])

목표기업의 채용공고 분석으로 준비해야 할 요건 확인하여 커리어로드맵 설계하기

(전공, 자격증, 직무관련 활동, 어학관련 활동 등)

4학년+4단계(실전취업과정)

공채와 수시채용 일정 확인과 서류전형, 필기전형, 면접전형 등 구직기술

강화하여 지원하기

직업 정보 탐색 및 무료 진로 · 적성 검사가 가능한 사이트

- 워크넷 www.work.go.kr
- 커리어넷 www.careernet.re.kr
- 국가기관의 공공취업사이트
- 청년고용 포털사이트 : 으라차차
- 대졸취업 준비생 전용 사이트 : 잡영
- 중소기업 전문취업 포털 : 잡월드
- 이공계 인력 중개센터
- 한국산업인력공단 해외 취업 사이트 : 월드잡
- 한국고용정보원
- 청년 워크넷 X 온라인청년센터
- HRD_Net

3. 주도적인 취업전략

  본인의 진로와 취업에 대한 고민에 있어 외부적 요소와 타인의 간섭이 아닌 자신이 잘할 수 있는 일에 대한 고민과 자기 탐구를 통해 원하는 직업을 적극적으로 찾아가는 주도적인 자세가 필요하다.

주도적인 취업전략과 비주도적인 취업전략의 차이

구분	시장을 따라가는 취업	주도적인 취업
원하는 것	취업, 일	진정으로 자신이 원하는 직업 자신이 가장 잘하는 기술과 지식을 활용할 수 있는 일
준비	고용시장에서 무엇을 원하는가, 그리고 고용시장이 어떤 직업을 원하는가를 파악한다. 자신의 최고 전략과 무기는 시장에 자신을 맞추는 것이다.	자신이 가장 잘할 수 있고 사랑하는 일이 무엇인가를 인식한다. 그리고 하고 싶은 일이 무엇인가를 찾는다. 자신의 전략과 무기는 열정이다.
자신을 어떻게 바라보는가	취업을 구걸 취업하게 되는 것은 행운이 따르는 것	자신은 인적 자산 회사가 나를 얻는 것은 행운
기본 계획 수립	자신을 어떻게 브랜딩하고 알릴 것인가에 초점	자신이 하지 않으면 죽을 것 같은 일이 무엇인가를 파악함
구직방법	회사가 오픈된 포지션이 있으면 자신을 발굴해 주기를 기다림	회사가 그들의 오픈 포지션을 홍보나 구인광고를 하지 않더라도 자신이 원하는 조직을 찾아서 자신의 정보와 얼굴을 알림

이력서의 의미	왜 자신이 그들에게 고용되어야 하는지를 Selling하기 위함	회사와 처음 인터뷰를 갖기 위해서
알고 싶은 것	회사가 나를 필요로 하는가	회사가 나를 원하는가와 더불어 이 회사는 내가 원하는 회사인가

4. 자기 탐구와 이해

'취업전략 세우기'의 기본은 자기 탐구와 이해다. 내가 무엇을 좋아하고 또 잘하는지, 나는 어떤 사람인지 등은 앞으로 본인의 진로 선택에 매우 중요한 평가 기준이 되기도 한다. 취업을 희망하는 기업에 대해 어느 정도 알고 있느냐는 상당히 중요하다. 하지만 그보다 선행되어야 할 것이 바로 '나 자신을 얼마나 탐구하고 이해했느냐'다. 단적인 예로 자기소개서와 면접 답변 준비를 할 때 깊이 있는, 살아 있는, 본인만의 이야기로 차별화를 두고 싶다면 나 자신을 탐구하고 이해하는 시간을 다각도로 갖길 권한다.

지금부터는 나 자신을 보다 객관적으로 평가해 보는 시간이다. 객관적인 분석을 통한 자기 탐구와 이해의 시간은 성공적인 진로 선택과 취업의 시작이라고 할 수 있다.

내 삶의 주인 되기

① 내적 경험을 통제하자

자신의 행동을 통제하는 존재로서 희열을 느끼거나 그 순간 자신이 운명의 주인이라 느끼는 것. 이 과정에서 삶의 중요한 부분을 통제함으로써 맛볼 수 있는 행복이 가장 기초적인 요소가 된다.

② 몰입의 즐거움을 찾자

몰입은 모든 정신 에너지를 요구하므로 몰입상태에 빠진 사람은 그 일에 완전히 몰두하게 된다. 명확한 목표가 주어져 있고 활동의 효과를 곧바로 확인할 수 있으며 과제의 난이도와 실력이 알맞게 균형을 이루고 있다면 어떤 활동에서도 몰입을 맛보면서 삶의 질을 끌어올릴 수 있다.

③ 내 삶의 방향과 거리 조정하기

통제와 몰입은 모두 자신의 내면에서 일어난다. 또한 삶을 규정짓는 사건이나 경험을 해석하거나 이해하는 개인적인 방식에서 비롯된다. 내 삶의 방향과 거리를 조정할 줄 알아야 하며 내 인생을 디자인하고 삶의 주체가 되어야 한다.

자아 실현의 과정으로서의 진로

'진로'란 직업보다 더 폭넓은 개념으로 삶 전반에 걸친 모든 일과 관련된 과정이라 할 수 있다. 앞으로 더 나아가고 더 나아지는 것이 진로의 핵심 개념 내용이다. 사람들은 어떤 진로를 적극적으로 추구하고 종사하면서 다양한 직무와 직위를 수행하게 되고 그 과정에서 정체감이 현실로 드러난다.

끊임없이 변화하는 세상에 놓인 전 생애를 통한 발달과정은 필연적으로 장애와 위기를 초래하지만, 이러한 장애는 새로운 시작과 방향 제시로 바꿀 수 있는 기회가 된다. 자신이 참여할 수 있는 흥미진진하고 의미 있는 것이 무엇인지를 찾게 된다면 진로 설계를 통한 촉진과정을 성취할 준비가 된 것이다.

나의 Bucket List

작성방법 : 지금 내가 원하는 것이 무엇인가를 보다 명확하게 정리해 보는 시간으로 '죽기 전에 꼭 하고 싶은 일 BEST 10'의 목록을 작성해 보자.

	하고 싶은 일	이유	언제 할 수 있을까?	어떻게 할 수 있을까?
1				
2				
3				
4				
5				
6				
7				
8				
9				
10				

내 인생 7대 뉴스

작성방법 : 자신의 삶을 돌아보는 시간을 통해 스스로를 이해하는 시간이 필요하다. 지금까지의 삶을 돌아보면서 내가 겪었던 경험과 사건 등 중에서 가장 기억에 남으면서도 큰 영향을 미친 내 인생의 뉴스를 찾아 적어보자. 내 인생 7대 뉴스를 정리해 보자.

	하고 싶은 일
1	
2	
3	
4	
5	
6	
7	

느낌

5. 진로장벽 파악하기

나의 진로에 장벽이 될 수 있는 것들을 파악하는 것은 매우 중요하다. 또한 나와 유사한 진로장벽이 있었지만 이를 극복한 사례의 주인공과 그 내용을 찾아서 기록해 보는 것도 좋다.

무엇보다 문제를 인식하고 해결해야 할 문제가 무엇인지 문제의 정의를 내린 뒤 각자 문제 발생의 원인을 찾아야 한다. 그 문제는 언제부터, 어떤 사건에 의해 어떻게 발생하였는지 찾아야 하며, 앞으로 이 문제가 어떻게 해결되기를 바라는지 자신에게 바라는 점 또한 명확하게 체크해 보는 것도 중요하다.

이러한 과정이 있어야만 해결방안을 비교 검토하여 나의 장단점을 기록할 수 있기 때문이다. 해결방안으로는 가장 실현 가능하면서도 만족도가 높은 방안을 선택해야 한다. 실행을 위한 세부계획을 수립했다면 이제는 적극적인 행동 옮기기로 실천하면서 지속적인 자기 평가와 더불어 보완 및 수정을 해나가야 한다.

작성방법 : 아래는 진로 선택에 있어 장벽이 될 수 있는 여러 가지 항목들이다. 항목 빈 칸에는 내가 생각할 때 장벽이 되는 것은 무엇인지 추가항목을 적는다. 자신의 진로 결정에 어려움이 될 것으로 생각되는 항목에 체크를 하고 구체적인 내용을 적어본다.

	진로장벽 항목	O, X	구체적 내용
1	흥미, 적성 발견 등 자기 이해 부족		
2	직업정보 부족		
3	자신감 부족		

4	미래에 대한 불안		
5	대인관계(인맥, 관계기술) 부족		
6	전공 불만족		
7	경험이나 훈련 부족		
8	성차별, 성역할 갈등		
9	다중역할 갈등		
10	연령 차별		
11	경제적 어려움		
12	인종 차별		
13	준비 부족		
14	건강문제		
15	신체적 열등감		

진로장벽 검사

작성방법 : 다음 문항에 제시된 내용에 따라 5점 척도로 자신을 평가해 본다.

1점 전혀 그렇지 않다, **2점** 그렇지 않다, **3점** 보통이다, **4점** 약간 그렇다, **5점** 매우 그렇다

	내용	점수
1	내가 바라는 직업을 부모가 반대하기에 갈등을 느낀다.	
2	내가 바라는 직업을 주변에서 반대하는 사람이 많다.	
3	학벌이나 연령 때문에 내가 바라는 직업을 갖기가 어렵다.	
4	집안의 경제적 사정 때문에 내가 바라는 직업을 추구하기 어렵다.	
5	내가 바라는 직업을 잘 해낼 수 있을지 모르겠다.	
6	나는 매사에 소극적이다.	
7	나는 결정을 내리기가 어렵다.	
8	중요한 결정을 내릴 때 우물쭈물하는 경향이 있다.	
9	내가 바라는 직업의 장래성에 대한 정보가 부족하다.	
10	어떤 직업이 전망이나 보수가 좋고 사회적 수요가 많은지 모르겠다.	
11	내 전공에 적합한 직업에 대한 정보가 부족하다.	
12	내가 바라는 직업이 있으나 어떻게 해야 그 직업을 가질 수 있는지 모르겠다.	
13	직업과 관련된 정보를 얻는 방법을 잘 모르겠다.	
14	어떤 종류의 직업이 있는지 잘 모르겠다.	
15	내 적성이 무엇인지 잘 모르겠다.	
16	내 흥미가 무엇인지 잘 모르겠다.	
17	내 장점과 단점이 무엇인지 모르겠다.	
18	내가 바라는 것이 무엇인지 모르겠다.	

19	현재로서 직업 선택을 할 필요성을 느끼지 않는다.	
20	아직 이르기 때문에 직업 선택에 대해 생각해 보지 않았다.	
21	미래의 직업을 현 시점에서 결정해야 한다는 필요성이 피부에 와 닿지 않는다.	
22	내 인생에서 직업이 왜 필요한지 잘 모르겠다.	

출처 : 탁진국 · 이기학(2011)

진로장벽 검사 하위영역 채점표

하위영역	문항번호	점수
외적 장애	1, 2, 3, 4	
우유부단한 성격	5, 6, 7, 8	
직업정보 부족	9, 10, 11, 12, 13, 14	
자기 명확성 부족	15, 16, 17, 18	
필요성 인식 부족	19, 20, 21, 22	
전체		

의사결정 유형 체크리스트

작성방법 : 조직과 관계에 있어서 평소 어떤 방식으로 의사결정을 내리는지 알아보기 위한 체크리스트이다. 각 문항들을 하나씩 읽어가면서 그 내용이 자신의 입장과 똑같거나 거의 같으면 '그렇다', 자신의 입장과 다르거나 매우 다르면 '아니다'에 체크를 해준다.

	문항	그렇다	아니다
1	나는 중요한 의사결정을 할 때 한 단계 한 단계 체계적으로 한다.		
2	나는 내 자신의 욕구에 따라 매우 독특하게 의사결정을 한다.		

3	나는 얻을 수 있는 모든 정보를 수집하지 않고는 중요한 의사결정은 거의 하지 않는다.		
4	의사결정을 할 때 내 친구들이 나의 결정을 어떻게 생각할 것인지가 매우 중요하다.		
5	나는 의사결정을 할 때, 이 의사결정과 관련된 결과까지 고려한다.		
6	나는 다른 사람의 도움 없이는 중요한 의사결정을 하기 힘들다.		
7	나는 어려운 문제에 부딪치면 재빨리 결정을 내린다.		
8	나는 의사결정을 할 때, 내 자신의 즉각적인 느낌이나 감정에 따른다.		
9	나는 내가 하고 싶은 것보다 다른 사람이 어떻게 생각하느냐에 영향을 받아 의사결정을 한다.		
10	어떤 의사결정을 할 때 나는 시간을 갖고 주의 깊게 생각해 본다.		
11	나는 문제의 본질에 대해 찰나적으로 떠오르는 생각에 의해 결정을 한다.		
12	나는 친한 친구에게 먼저 이야기하지 않고는 의사결정을 거의 하지 않는다.		
13	나는 중대한 의사결정 문제가 예상될 때, 그것을 계획하고 생각할 시간을 충분히 갖는다.		
14	나는 의사결정을 못한 채 뒤로 미루는 경우가 많다.		
15	의사결정하기 전에 올바른 사실을 알고 있는지 확인하기 위해 관련 정보들을 다시 살펴본다.		
16	의사결정에 관해 실제로 생각하지는 않지만 갑자기 생각이 떠오르면서 무엇을 해야 할지를 알게 된다.		
17	어떤 중요한 일을 하기 전에 나는 신중하게 계획을 세운다.		
18	의사결정을 할 때 나는 다른 사람의 많은 격려와 지지를 필요로 한다.		
18	나는 의사결정을 할 때, 마음이 가장 끌리는 쪽으로 결정을 한다.		
20	나의 인기를 떨어뜨릴 의사결정은 별로 하고 싶지 않다.		

21	나는 의사결정을 할 때, 예감 또는 육감을 중요시한다.		
22	나는 조급하게 결정을 내리지 않는데, 그 이유는 올바른 의사결정임을 확신하고 싶기 때문이다.		
23	어떤 의사결정이 감정적으로 나에게 만족스러우면 나는 그 결정을 올바른 것으로 본다.		
24	올바른 의사결정을 할 수 있는 능력에 자신이 없기 때문에 주로 다른 사람의 의견에 따른다.		
25	종종 내가 내린 각각의 의사결정을 일정한 목표를 향한 진보의 단계들로 본다.		
26	내가 내리는 의사결정을 친구들이 지지해 주지 않으면 그 결정에 대해 확신을 갖지 못한다.		
27	의사결정을 하기 전에, 나는 그 결정을 함으로써 생기는 결과에 대해 가능한 한 많이 알고 싶다.		
28	나는 "이것이다"라는 느낌에 의해 결정을 내릴 때가 종종 있다.		
29	대개의 경우 나는 주위 사람들이 바라는 방향으로 의사결정을 한다.		
30	여러 가지 정보를 수집하거나 검토하는 과정을 갖기보다, 떠오르는 생각대로 결정을 내리는 경우가 자주 있다.		

나의 의사결정 유형

합리적 유형	1, 3, 5, 10, 13, 15, 17, 22, 25, 27	점
직관적 유형	2, 7, 8, 11, 16, 19, 21, 23, 28, 30	점
의존적 유형	4, 6, 9, 12, 14, 18, 20, 24, 26, 29	점

⊙결과 설명

● **합리적 유형** : 확장된 시간 조망 내에서 연속적인 결정들이 서로 관련되어 있음을 인식하고, 자신과 상황에 대하여 정확한 정보를 수집하고 신중하게 논리적으로 의사결정을 수행해 나가며, 의사결정에 책임을 지게 된다.

● **직관적 유형** : 의사결정에 대한 책임을 받아들이지만 미래를 별로 고려하지 않고 정보탐색 활동이나 대안들에 대한 논리적인 평가과정도 거의 갖지 않는다. 의사결정의 기초로써 상상을 사용하고 현재의 감정에 주의를 기울이며 정서적 자각을 사용하는 특징이 있다.

● **의존적 유형** : 합리적, 직관적 유형과는 다르게 의사결정에 대한 개인적인 책임을 부정하고 그 책임을 자신 이외의 가족이나 친구, 동료 등 외부로 투사하려는 경향이 있다. 의사결정과정에서 타인의 영향을 많이 받으며 수동적이고 사회적 인정에 대한 욕구가 높으며, 의사결정상황에 여러 가지로 제약을 받는다.

합리적인 의사결정 단계

단계1 : 의사결정의 필요성을 엄밀히 검토해 본다.

단계2 : 여러 가지 관련된 정보를 체계적으로 수집한다.

단계3 : 모든 가능한 대안을 열거한다.

단계4 : 각 대안의 결과를 예측해 본다.

단계5 : 각 대안의 성공적인 결과가 일어날 가능성을 예측해 본다.

단계6 : 성공할 가능성이 높으면서 좋은 결과를 얻을 수 있는 대안 중에 자신의 가치관에 부합되는 것을 선택한다.

단계7 : 선택한 대안을 실행한다.

단계8 : 실천에 옮기지 못할 경우나 결과가 좋지 않을 경우 결정의 적합성을 평가하기 위해 위의 순서대로 다시 질문해 본다.

6. 마케팅 기법 활용 취업전략 3단계

나 자신에 대한 탐구와 이해가 정리되었다면 이제는 본격적인 취업전략 계획에 접어들어보자. 막연하게 어떤 기업에 취업지를 고민했다면 이제는 보다 구체적이고 체계적으로 취업을 위한 전략을 수립해야 한다.

① 진로 설계 : 동향 파악(시장조사)

생산자가 상품을 팔기 위해 다양한 기법으로 말을 한다. 이때 대상, 장소, 시기 등의 조건에 따라 마케팅 방법은 달라진다.

상품을 팔기 위한 시장조사는 꼭 필요한 과정이듯 취업 준비에 있어 취업 동향과 기업 조사, 그리고 그 기업과 관련된 산업 동향이 어떠한지 파악하는 것은 진로 설계와 취업 준비 시에 필수이자 매우 중요한 과정이다.

'나'라는 상품을 '기업'에게 '뽑아달라'고 하는 그 과정이 마케팅 기법과 흡사하다.

> 홍길동 : 기업 : 뽑아주세요
>
> 상품 : 소비자 : 사주세요

하지만 기본적인 마케팅 기법에서 관점을 달리 접근하면 더욱 효과적으로 면접에서 긍정의 결과를 만들어낼 수 있다.

> '나'라는 상품을 사게 한다-〉 나의 '성장 가능성'을 설득시킨다.
>
> Who am I -〉Who are You?

기본적인 마케팅 기법이 '돈을 내고 사달라고 청하는 것'이라면 관점을 '나'에서 '기업'으로 바꿔 접근할 때는 '가치관과 인생관' 등을 공감시키면서 기업 관계자, 면접관들을 설득시키는 것이라고 보면 되겠다.

② 선택과 집중의 목표 설정 : STP

동향 파악(시장조사)이 끝났다면 이제는 본격적인 목표를 설정해야 한다. Segmentation – Targetting – Positioning시장 세분화, 표적시장 선정, 자리매김. 쉽게 말해, 넓은 취업시장에서 나에게 맞는 곳을 찾기 위한 구체적인 쪼개기 작업, 타깃을 정하고 난 뒤 어떻게 나 자신을 자리매김시킬 것인지에 대한 파악의 단계이다.

만약 역량이 부족하다면 대기업보다는 중소기업을 타깃으로 정하는 것도 좋겠고, 외국어 영역을 많이 평가하는 조직이라면 외국어 실력을 늘리고, 관련 자격증 소지자를 우대한다면 그 자격증을 취득해 두는 것이다. 또한 직무 경험을 중요하게 여기는 회사라면 인턴 경험을 보충해서 자신을 자리매김하면 좋겠다.

③ 실행방안 모색 : 4P-Product, Price, Place, Promotion

앞서 조사를 통한 선택과 집중의 과정을 거쳤다면 이제는 효과적인 실행방안을 고민해야 한다.

- Product(상품, 디자인, 포장, 서비스, 품질, 브랜드 등) : 기업에서 요구하는 기본 능력(학벌, 학점, 토익, 자격증, 어학연수, 수상경력, 봉사활동, 인턴 경험 등)
- Price(가격) : 직무능력
- Place(유통·판매 장소): 조직 적응능력(대인관계, 인성)
- Promotion(광고, 홍보, 판촉) : 열정, 도전, 창의

PART
3

진로 탐색을 위한 자기 분석

진로 탐색을 위한 자기 분석

자신의 직업적 흥미나 적성을 알아보기 위한 다양한 검사들이 있는데 대표적인 검사가 DISC행동유형분석, 에니어그램, MBTI 등이다.

진로를 선택할 때는 자신의 흥미, 적성, 성격, 가치관 등을 고려해야 한다. 그래야만 자신에게 어울리는 직업 분야와 직무를 찾을 수 있다. 먼저 SWOT분석을 통해 나 자신의 강점을 활용해 약점을 극복할 수 있는 전략과 기회를 활용해 위기를 극복할 수 있는 전략을 준비해 보자.

1. DISC 행동유형 분석

D형(Dominant : 주도형 외향적 사고형)

관찰되는 행동	목표 지향적, 경쟁적 자기 중심적 빠른 의사결정 강한 자기 주장 목소리가 큰 편 자신감이 있음 빠른 결과를 얻어내려 함
주된 대화 패턴과 태도	무엇에 초점 듣기보다 말하기 핵심을 직선적으로 말함 상대가 우유부단하게 말하는 것을 싫어함 상대가 큰 소리로 빠르게 대답하는 것을 좋아함 권위와 권력 명성과 위신 도전적, 진취적 공격적 접근방식 책임감
타인에게 요구, 기대하는 것	존경받는 것 본인의 리더십을 인정해 주는 것 간섭받지 않는 것 직설적 소통
유형에 따른 직업	생산자, 건축가, 경찰, 장교, 사장, 지도자, 정치인, 감독, 교사
줄일 것	과도한 목표 설정 지나치게 급한 결정과 행동 독자적인 의사결정과 추진 남의 이야기 끊고 자기 주장 펼치기
늘릴 것	검토하고 신중하게 생각하기 팀의 의견을 존중하고 동의하기 다른 사람의 의견을 충분히 들어주기

I형(Influential : 사교형, 외향적 감정형)

관찰되는 행동	재미있고 열정적, 긍정적 즉흥적, 충동적 호의적이며 친절함 말을 잘하고 인기가 있음 잘 웃고 명랑하며 활기참 주변에 사람이 많음 감정적이며 감정 교류가 있음
주된 대화 패턴과 태도	누구에 초점 듣기보다는 말하기 생생하게 말을 잘하고 전달력이 뛰어남 지나치게 격식을 차리며 말하는 상대를 답답해 함 변화를 거부하고 활기차지 않고 침묵하는 상대를 기피함 유머 있고 상상력 많은 생기 있는 상대를 좋아함 눈에 보이는 인정 인기, 동조, 허풍 세부보다는 상징에 초점 자율성이 강하고 새로운 변화 시도가 쉬움
타인에게 요구, 기대하는 것	친근한 관계 생각·감정 공유 칭찬 유머러스 오픈 마인드
유형에 따른 직업	강사, 영업사원, 방송인, 개그맨, 목회자, 교사
줄일 것	과도한 예능 시청과 SNS(모방하기) 너무 많은 모임과 약속 및 참석 쓸데없고 의미 없는 이야기 수다를 떠느라 해야 할 일 망각
늘릴 것	계획을 세우고 그대로 실천하기 모임의 우선순위를 정하고 정리하기 말을 좀 줄이고 남의 의견 듣기

S형(Steady : 안정형, 내향적 감정형)

관찰되는 행동	표정 변화가 적음 침착하고 일관성이 있음 변화에 소극적 인내심이 강함 협력을 잘함 경청 소극적 목소리가 작고 강약 변화가 적음
주된 대화 패턴과 태도	어떻게에 초점 말하기보다는 듣기 시간적 여유를 두고 기다려주는 상대를 좋아함 변덕스럽지 않고 일관된 상대를 선호함 공감해 가며 편안한 대화 분위기를 유지 변화 결정상황에서는 큰 호응을 보이지 않음 일관성, 침착, 여유 편안한 태도 속을 알 수 없음 우호적, 인내 느린 행동, 변화, 도전, 열정보다는 익숙함 · 안정감 선호
타인에게 요구, 기대하는 것	소속감 재촉하지 않는 여유 안정과 협력 본인의 가치 인정 변화는 점진적
유형에 따른 직업	회계사, 세무사, 외교관, 간호사, 은행원, 비서 등
줄일 것	수동적으로 일하는 모습 느긋하고 여유를 즐기는 생활 자신의 처지를 고려하지 못하고 남 돕기
늘릴 것	내가 주도하는 일들을 만들기 익숙한 일들의 하는 방법을 바꿔보기 나 혼자서도 의사결정을 하고 추진하기

C형(Compliant : 신중형, 내향적 사고형)

관찰되는 행동	정확한 자료, 정보 사무적인 말투와 표현 분석적, 데이터 중심 높은 정확도 조심성이 많음 사소한 것에도 신경을 씀 전문적인 프로정신
주된 대화 패턴과 태도	왜?에 초점 말하기보다는 듣기 논리적이고 꼼꼼하며 정확한 이유를 말하는 상대를 선호 논리적이지 못하거나 맞춤법이 틀리고 불분명하게 대답하는 　사람을 싫어함 분석적으로 받고 핵심적인 질문을 함 근거가 명확하지 않으면 대화할 의미를 두지 않음 명확한 기대 확실한 목표 자주성 계획적 진행 원칙 지지 전문적인 프로정신 비판적, 까다로움 예리한 질문
타인에게 요구, 기대하는 것	정확성 신뢰 규칙, 규범 최소한의 사교적 행동 사실과 정보 독립성
유형에 따른 직업	과학자, 분석가, 철학자, 교수, 연구원, 음악가, 투자가, 교사 등
줄일 것	너무나 파고드는 확인 질문 지나친 왜?라는 질문 사소한 일에도 꼼꼼한 계획 세우기
늘릴 것	상황을 너무 분석하지 않고 보기 사람들 만나는 활동을 늘리기 사람들의 문제점보다는 장점 찾기 남을 웃기는 데 도전해 보기

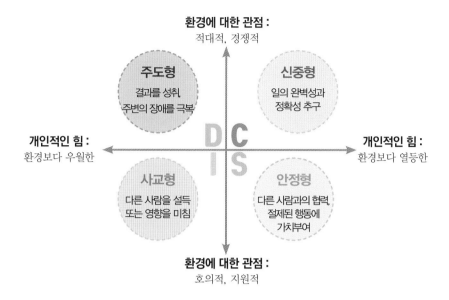

2. MBTI 성격유형 분석

MBTI(Myers-Briggs Type Indicator)는 융(C.G. Jung, 1875~1961)의 심리유형 이론(1921)을 근거로 미국의 심리학자 마이어스 브릭스(Katharine & Isabel Myers-Briggs) 모녀가 고안한 자기 보고식 성격유형지표이다.

MBTI는 인간의 내면에는 충동적인 여러 본능이 있고, 이들은 근본적으로 서로 다르다는 전제를 두고 있다. 또한 마음이 기능을 결정하는 것은 인간 자신의 선호성이고 인간은 자신의 선호를 통해 대처하려는 기본적인 심리적 욕구가 있으며 이런 심리적 욕구로 인하여 인간은 질서 있고 일관된 성향을 드러낸다고 한다. 또한 인간의 행동이 다양한 이유는 스스로 인식하고 판단하는 특징이 다르기 때문이라는 기본 가정을 전제하고 있다.

MBTI 성격유형의 4가지 선호 경향

① 에너지의 방향에 따라 외향형과 내향형으로 나뉜다

외향형 사람들은 외부 세계를 지향하고 사람과 행동, 사물 등의 외부 자극에서 에너지를 얻는다. 이들은 광범위한 분야에서 흥미를 느끼며 세상을 이해하기 위해 외적 경험을 원하고 먼저 행동으로 체험하려는 경향이 있다. 이들은 많은 사람과 폭넓은 인간관계를 맺으며 자기 표현이 자유롭고 활동적이다.

내향형 사람들은 주로 내적 세계를 지향하고, 개념이나 생각을 혼자 간직하려는 경향이 있다. 이들은 자신을 반추할 혼자만의 시간을 원하며 이 시간에 에너지를 비축한다. 또한 말하기 전에 생각하는 시간이 필요하기에 신중하게 고려한 다음 행동하는 편이다. 소수 사람과 깊은 관계를 맺으며 침착하고 조용하다.

② 인식기능에 따라 감각형과 직관형으로 나뉜다

감각기능을 선호하는 사람들은 자신의 내적·외적 세계에 무엇이 존재하는지, 그리고 그것이 어떻게 발생하는지에 대한 정보를 시각, 청각, 후각, 미각, 촉각을 통해 받아들이는 경향이 있다. 이것은 상황의 실체를 이해하는 데 특히 유용하다. 감각형 사람들은 '지금 여기'를 중요시하므로 현실적이고 실용적인 특징을 드러낸다. 이들은 현재를 있는 그대로 즐기며, 구체적이고 단계적으로 업무를 수행하는 근면하고 성실한 태도를 보인다.

직관기능을 선호하는 사람들은 시각, 청각, 후각, 미각, 촉각을 통해 얻은 사실적 정보의 차원을 넘어 가능성이나 숨겨진 의미와 전체적인 관계를 육감을 통해 수집한다. 이들은 전체를 파악하고 새로운 일 처리방식을 추구하며 아이디어와 상상력이 풍부하고 영감에 더 큰 비중과 가치를 둔다. 이들은 현재에 머무르기보다는 미래의 성취와 변화, 다양성을 중요하게 생각하고 새롭고 복잡한 일을 추구하는 편이다.

③ 판단기능에 따라 사고형과 감정형으로 나뉜다

사고형 사람들은 어떤 특별한 선택이나 행동에 대한 논리적인 결과를 예측하며 객관적인 판단기준에 따라 정보를 분석, 비교하고 나서 의사를 결정한다. 이들은 일관성과 타당성을 기준으로 자신의 주관적인 감정과 태도에 상관없이 원리 원칙에 입각하여 모든 것을 결정한다. 자신이 개인적으로 느끼는 가치나 감정보다는 무엇이 옳고 그르냐는 객관적 기준과 공정성을 중시하는 편이다.

감정형 사람들은 타인과의 관계에 관심을 보이며 주관적인 감정과 태도, 인간 중심의 가치를 중요하게 여긴다. 또한 의사를 결정할 때 객관적인 기준보다는 가치와 의미, 그 결과가 자신과 타인에게 미치는 영향을 고려한다. 이들은 사실관계보다는 인간관계를 더 중시하며 일이나 사람에 대한 열정이 많은 편이다. 타인을 배려하고 개인의 입장을 고려하여 조화를 이루고자 한다.

④ 행동양식에 따라 판단형과 인식형으로 나뉜다

판단형 사람들은 계획과 체계를 세워 생활하고, 단계적으로 일하기를 선호한다. 이들은 효율적으로 일하고 정해진 시간 안에 일을 끝마칠 수 있도록 미리 준비하는 편이다. 예측이 가능하고 통제할 수 있는 상황을 선호하며, 하기 싫은 일이나 스트레스 받는 일을 먼저 처리해 놓고 휴식과 여가를 즐긴다. 일상적이고 반복되는 일도 꾸준히 해내며 한 번에 한 가지씩 처리하고 주변의 정리정돈을 잘한다.

인식형 사람들은 자율적이고 융통성을 발휘하여 생활한다. 동시에 여러 가지 일을 벌여 놓고 한 번에 처리하는 편이며, 마감시간에 맞춰 끝마무리를 한다. 예측하지 못한 상황에 대처하는 순발력이 뛰어나서 애매한 상황에도 잘 적응하고 유동적이고 개방적인 편이다. 틀에 박힌

생활이나 여유 없는 생활은 구속이라 생각하며, 새롭고 흥미로운 경험을 하려고 노력한다. 즉각적인 활동을 선호하고 스트레스 상황도 잘 견딘다.

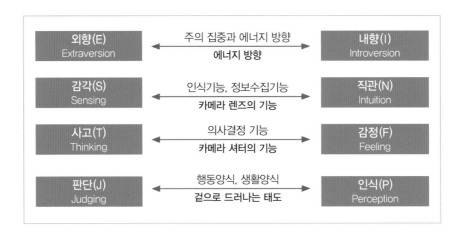

MBTI 선호 경향의 조합에 따른 16가지 유형

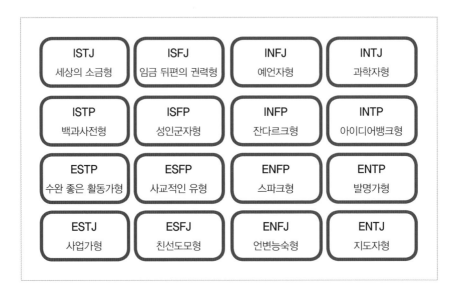

① ISTJ(세상의 소금형)

신중하고 조용하며 일처리에 있어 철저하고 체계적이고 조직적이다. 집중력이 강하며 직업 선택에 있어서 무엇보다 조직력과 정확성이 요구되는 분야에서 능력을 발휘할 가능성이 높다.

일관성이 있고 충동적으로 일하지 않는 경향이 있으며 자신이 노력하지 않은 일에 대한 대가를 바라지 않는다. 원칙과 약속을 잘 지키며 모든 일에 인내심이 강하며 믿을 수 있는 유형의 사람이다.

② ISTP(백과사전형)

논리적, 분석적이며 객관적으로 비판하는 유형이다. 조용하지만 호기심이 많고 열정적이며 강한 집중력, 사실에 대한 확신과 논리적 분석력, 적응력이 관계된 직업에 흥미가 있다. 규칙에 제한받기를 싫어하며 독립성이 보장되는 직업을 선호한다. 정확한 사실에 바탕을 두고 객관적으로 확신하며 과학분야, 기계, 엔지니어링 분야에 관심이 있고 이 분야에 관심이 없다면 법률, 경제, 마케팅, 판매, 통계 분야에도 관심이 많은 편이다. 외부상황을 잊을 만큼 관심거리에 깊이 몰두하는 경향이 있는 유형의 사람이다.

③ ESTP(수완 좋은 활동가형)

느긋하고 관대하며 개방적인 성향이 있다. 관심사가 다양하며 논리와 분석, 실질적으로 적응해야 하는 직업에 잘 맞는다. 일반적으로 많은 사람과 만나는 직업에 종사하며, 너무 많은 규칙을 강요하는 직업을 기피한다. 정확한 규범을 적용하기보다는 계획되지 않는 상황에 대처하거나 타협하기를 즐긴다. 변화가 많고 다양하며 재미있는 곳에서 일하기를 선호한다. 사람들을 모으고 타협하고 새로운 일을 시작할 수 있는 능력과 인간관계에서의 갈등을 조정하는 데 유능하다. 무역, 사업, 판매, 기술 지향적인 직업에 매우 적합한 성격 유형이다.

④ **ESTJ(사업가형)**

현실적, 사실적이며 조직적이고 체계적으로 일을 완성해 나간다. 분명한 규칙을 좋아하며 그에 따라 행동하고 일을 추진한다. 사실에 대한 신뢰, 분석의 사용, 조직화하는 능력을 발휘할 수 있는 직업에 관심이 많다. 스스로 규칙과 목표를 세우고 결정하며 그에 따라 일을 추진한다. 불분명하거나 실용성이 없는 분야에는 관심이 적은 편이고 체계적으로 일하는 것을 좋아하며 구체적인 결과와 객관적인 기준이 있는 것을 좋아한다. 일을 실행할 때 체계적인 접근방식과 세부사항 및 규율에 신경을 쓴다. 이런 태도는 다른 사람들에게 신뢰감을 주고 책임감을 갖게 한다. 조직을 관리하고 리더십을 발휘하고 실용적이고 실제적인 요소를 가지고 있는 직업에 맞는 유형이다.

⑤ **ISFJ(임금 뒤편의 권력형)**

온정적이고 헌신적이며 책임감이 강하다. 투철하고 반복을 요구하는 일을 수행하는 데 탁월한 재능이 있다. 따뜻함과 공감력이 강해 타인을 돌보는 것과 관련된 분야와 정신적인 직업에서 많이 볼 수 있는 유형이다. 일 처리에 있어 조직적, 실질적, 현실적이다.

일을 할 때 철저하고 노력을 아끼지 않으며 난관이 있어도 꾸준히 밀고 나간다. 구조화·조직화되어 있는 상황을 좋아하며 규칙이 자주 바뀌는 상황에서는 일하기를 싫어한다. 타인을 돕거나 봉사하는 일, 책임감을 부여하고 조직화할 수 있는 일에 만족을 느끼는 유형이다.

⑥ **ISFP(성인군자형)**

동정심이 많고 따뜻하다. 자연물에 대해 친화력이 있으며 자연에서 일하는 것을 편안하게 느낀다. 경쟁적이거나 위협적인 작업환경을 싫어한다. 사람이나 일을 할 때 개인적인 가치가 중요하게 작용한다. 단순히 돈이나 명예를 위한 직업보다는 자신의 가치관에 부합하는 직업을 택하는 것이 바람직하다. 이익이나 대가보다는 타인을 위한 일에 공헌하는 것에 가치를 둔다. 논리적인 분석을 요하는 직업이나 조직화를 요하는 직업에는 잘 맞지 않는 성격의 유형이다.

경쟁적이지 않은 상황과 독립된 환경에서 일하기보다는 소수의 친근한 사람과 함께 팀워크를 이루어 일하는 것을 선호한다. 인간관계에 있어 타인과 자신의 감정에 지나치게 민감한 편이다. 일의 효율을 위해 안정적이고 익숙한 환경을 선택하는 것이 바람직하다.

⑦ **ESFP(사교적인 유형)**

친절하고 사교적이며 낙천적이고 수용을 잘하는 편이다. 사람을 좋아하고 사람과 관련된 분야에서 능력을 발휘한다. 남과 더불어 일하기를 좋아하며, 대인관계가 뛰어나다. 그래서 타인이나 세상에 호기심이 왕성하여 주변에서 일어나는 일들을 알고자 하고 열심히 참견한다. 가슴이 따뜻한 현실주의자로 일의 진행을 위해 원칙보다는 상황에 초점을 둔다. 결정을 할 때는 논리적 분석보다는 인간 중심의 가치에 따른다. 인간적인 관여와 활동을 하는 직업을 좋아하고 이론보다는 실생활을 통해 배우는 것을 좋아한다. ESFP(사교적인 유형)는 어떠한 직업에서도 잘 적응할 수 있다.

⑧ **ESFJ(친선도모형)**

온화함과 동정심이 많아 남을 잘 돕는다. 일처리에 있어 능동적으로 참여하며 조화를 이룬다. 사람에게 관심이 많아 인화를 도모하는 분야에서 능력을 발휘한다. 특히 온정과 동정심, 돌봄이 필요한 가르치는 분야와 정신적인 것을 추구하는 분야 그리고 사회봉사 분야 등에서 능력을 발휘한다.

참을성이 많고 성실하며 양심적이고 작은 일에도 순서를 잘 지킨다. 비판없이 받아들이는 경향이 있으며, 추상적 사고·논리적 분석 등을 요구하는 일에는 취약하다. 가치 있다고 생각하는 것을 이상화하고자 하며, 가치가 맞는 조직이나 사람에게는 굉장한 충성심을 발휘한다.

⑨ INFJ(예언자형)

강한 직관력, 창의력, 통찰력이 뛰어나고, 지적인 작업을 할 때 능력을 발휘한다. 확고한 신념과 뚜렷한 원리원칙을 가지고 생활하며, 창조적인 활동을 통해 성취하는 것을 좋아한다. 혼자서 집중할 수 있는 일을 잘한다. 일할 때 매우 진지하며 학구적인 활동을 좋아하고 타인의 자아실현을 돕는 일을 좋아한다.

단순하고 반복적인 작업은 견디지 못하고 직관과 영감을 중요시하는 분야에 이러한 유형이 많이 종사한다. 이들은 어떤 역할과 위치에 있어도 타인의 정서와 마음에 관심을 기울인다. 인간적이지 않은 적대적인 근로환경에서 일하는 것을 매우 힘들어하며 타인에게 비평을 자주 받게 되면 불행한 감정을 잘 느낀다.

⑩ INFP(잔다르크형)

표현은 하지 않지만 마음이 따뜻한 사람들이다. 인간관계나 일에 있어서 책임감이 강하고 성실하다. 자신의 성장뿐만 아니라 타인의 성장을 돕는 일에 관심이 많다. 혼자서 새로운 아이디어를 창안할 여유 있는 시간과 자율성을 보장해 주는 환경을 선호한다.

어떤 직장에서도 원만하게 적응할 수 있으며 새로운 아이디어와 정보를 잘 수용한다. 복잡한 상황은 잘 견디지만 반복되는 일에는 지겨움을 느끼고 인내심이 없다. 타인의 정서를 이해하여 상담 능력도 좋고 타인과 약간의 심리적 거리는 유지한다. 직업을 위해 학구적으로 필요한 지식을 습득하는 것을 좋아하며 금전보다는 의미 있는 진로를 찾고자 하는 경향이 있다.

⑪ ENFP(스파크형)

열정적이고 낙관적이며 창의적인 성향을 가지고 있다. 새롭고 혁신적인 일을 시도할 자유를 보장해 주는 직업 분야에 관심이 많다. 여러 방면에 재능이 있어 직업 선택의 폭이 넓다. 특히 상담이나 교육에서 능력을 발휘하지만, 다른 분야에도 재능이 있다.

정열적이고 용기와 재능이 있으며 상상력이 풍부하다. 사람과 관계된 문제를 잘 풀어가며 즉흥적이고 부단히 새로운 것을 시도한다. 영감과 통찰이 요구되는 일에 잘 적응하나 일상적이고 세부적인 일에는 흥미나 열정을 느끼지 못한다. 또한 ENFP(스파크형)유형은 어려움이 반복되는 일상을 견디지 못한다.

⑫ ENFJ(언변능숙형)

동정심과 동료애가 많고 친절하며 인화적이다. 인간관계에 높은 가치를 두고 있으며 우호적인 성향을 가지고 있다. 타인의 성장을 위해 도와주려 하고, 인간관계에서 즐거움을 찾는다. 유창한 언변으로 사람 다루는 일과 사람을 직접 대하는 일에 탁월한 능력을 갖고 있다.

다양한 사람을 상대하고 직접적인 행동을 요구하는 분야에서 일하면 잘할 수 있다. 쓰기보다는 말로 표현을 잘 한다. 이들은 모든 것을 정리하고 계획하고 조직화하는 것에 능력이 있다. 타인의 인정과 칭찬을 받으면 더욱 열심히 하나 비판에는 민감한 반응을 보인다. 이들은 끈기가 있고 성실한 특징도 있다.

⑬ INTJ(과학자형)

독창적이고 분석적이며 독립적이다. 강한 집중력과 논리와 분석 그리고 조직화하는 능력을 발휘할 수 있는 직업에 잘 맞는다. 복잡한 문제를 풀어내는 기술을 창안하고 적용하는 분야, 두뇌의 기민함과 창조성이 요구되는 지적 능력을 활용하는 분야와 미래 구상에 이바지하는 분야, 비판적 분석력을 활용하는 분야, 연구 분야에서 능력을 잘 발휘할 수 있다.

목적 달성을 위해 시간을 투자하고 노력을 하며 장기적인 결과를 기다린다. 이들은 도전을 좋아하고 창의력과 직관적인 통찰을 적용하는 것을 좋아한다. 어려운 일이 생기면 이들은 즐기며, 창의성이 필요한 일에 도전하는 것을 좋아한다. 이들은 현실을 있는 그대로 직시할 필요성이 있다.

⑭ INTP(아이디어뱅크형)

과묵하고 집중력이 있으며 매우 분석적이고 논리적이다. 아이디어에 관하여 관심이 많으며 사건에 대한 원리와 해석하는 것을 매우 좋아한다. 인간관계나 파티 등에는 관심이 없다.

조용한 편이지만 자신의 관심 분야에 대해서는 지적 호기심이 강하고 뛰어난 열정을 보인다. 구조적이며 엄격한 규칙이 있는 업무환경을 싫어하며 자기 분석을 위한 시간이 필요하다. 도전감을 일으키는 새로운 문제와 상황이 있는 직업에 끌린다. 주로 상상력과 창조성, 독자성이 필요한 직업들이 어울리며 때로는 방해받지 않고 혼자 일하는 것을 선호한다.

⑮ ENTP(발명가형)

독창적이며 혁신가 기질이 많다. 창의력이 풍부하며 새로운 가능성을 찾고 시도하는 것을 좋아한다. 자율성과 자유, 변화, 다양성, 융통성 그리고 창조성이 필요한 분야에서 진로를 찾는다. 안목이 넓고 재능이 다양하며 단순한 일보다는 도전적인 일을 추구하는 직업에서 삶의 의미를 찾고자 한다.

이 유형은 다양한 직업에 종사하지만 어떠한 직업을 선택하든지 간에 새로운 도전이 있어야 한다. 또 자신의 유능감이 중요하기 때문에 분석하고 논쟁하고 확인하여 해결하는 것을 좋아하고 그 과정을 통해 자신의 능력을 확인할 수 있는 직업에서 만족을 느낀다. 복잡한 문제해결에 뛰어난 재능이 있으며 지칠 줄 모르고 일을 한다. 그리고 일이 끝나면 새로운 도전을 찾아서 하는 유형이다.

⑯ ENTJ(지도자형)

활동적이고 추진력이 뛰어나며 리더십도 좋다. 혁신적이며 논리적이고 분석적이다. 결정력과 통솔력이 있으며 일할 때 거시적인 안목으로 추진한다. 관리자나 지도자의 성향이 크고 행정적인 일과 장기 계획을 선호한다. 자신이 설계하고 주도하고 조직하고 문제를 해결하는 것이 허용되는 분야에서 진로를 찾는다.

다양한 인적자원의 능력을 파악하는 데 능력이 있고, 그들을 효율적으로 활용한다. 지적 호기심이 많으며 완벽을 추구하고 미래에 대한 꿈이 원대하며 반복되는 일을 싫어하기 때문에 변화를 즐긴다.

MBTI 유형별 기질

전통주의자	감각-판단(SJ)기질	
특징	• 부지런, 근면, 성실, 완벽주의 • 철밥통, 가정적인 집단, 규정대로 하는 모범생 • 어른 공경, 예의 바름 • 창의력, 재미가 적은 편 • SP기질과 반대(갈등) • 교실에 앉아 교과서대로 가르침 • 개미 : 부지런함, 성실함, 책임감(SJ) • 공무원, 초중등 교사의 60~65%	ISTJ, ISFJ ESTJ, ESFJ
경험주의자	감각-인식(SP)기질	
특징	• 변화와 스릴을 즐김 • 자유를 먹고 삶 • 통제에 저항 • 손재주가 있음 • 청소년기에 사고치는 경향이 높음 • 증거수집능력이 적어 SJ에게 짐	ISTP, ISFP ESTP, ESFP

이상주의자	직관-감정(NF)기질	
특징	• 인간에게 관심이 많음 • 대부분의 일을 인간관계 중심으로 생각함 • 겉보기에는 약하지만 정신적인 면에서 매우 강함 • 나 하나 희생하여 인류가 나아질 수 있다면 기꺼이 자신을 버릴 수 있음 • 사슴 : 멀리 하늘을 물끄러미 바라봄 • 해리포터 작가의 롤링, 슈바이처, 성직자	INFJ, INFP ENFP, ENFJ
합리주의자	직관-사고(NT)기질	
특징	• 지식에 관심이 많음 • 정서적으로 감정이 메말라 보이기도 함 • 가족과 있을 때 따뜻해짐 • 논리적, 합리적이며 인간적 거리감이 느껴짐 • 비상한 머리와 찬 가슴 • 의학, 공학, 건설 등 모든 과학기술의 최선봉에서 연구함 • 이상을 조직적으로 수행해 감 • 빌 게이츠, 에디슨, 대학교수, 변호사	INTJ, INTP ENTP, ENTJ

위 표 상단에는 다음 내용이 있음:

• 다양한 실습을 통한 학습을 즐김
• 수업시간에 장난을 잘 치고 떠듦
• 배짱이 : 낙천적, 현재 중심, 여유
• 연예인, 운동선수, 예술가

MBTI 성격유형에 따른 직업 선호 경향

ISTJ	ISFJ
회계 및 법률 분야 금융분야 교육분야 비즈니스	보건 · 의료 사회복지 및 교육계열 비즈니스 예술계열
ISTP	ISFP
판매 및 서비스 창의성 발휘분야	수공업 및 기능직 보건 · 의료

의료분야 금융분야 수공업분야	과학 및 기술 판매 및 서비스
INFJ	**INTJ**
상담 및 교육 분야 종교분야 창조적 예술분야 예술가, 디자이너 보건 · 의료 상경계열(비즈니스)	비즈니스분야 금융분야 기술분야 교육분야 보건 · 의료 전문직
INFP	**INTP**
예술분야 교육 및 상담 종교	컴퓨터 기술 개발 보건 · 의료 전문직 학문분야 예술계열
ESTP	**ESFP**
서비스분야 금융분야 엔터테인먼트 기술 및 수공업 비즈니스	교육 및 사회복지 보건 · 의료 엔터테인먼트 비즈니스 및 판매 서비스분야
ESTJ	**ESFJ**
판매 및 서비스 기술 및 노동 관리분야 전문직 상경계열	보건 · 의료 교육분야 사회복지 및 상담 예술계열 판매 및 서비스
ENFJ	**ENTJ**
커뮤니케이션 분야 상담분야 교육 및 휴먼 서비스 보건 · 의료 비즈니스 및 컨설팅	경영계열 금융분야 상담 및 트레이너 전문직

나의 MBTI 성격유형 찾아보기

작성방법 : 나 자신과 비슷하거나 자신이 선호하는 유형에 표시한 뒤 표시한 항목의 개수를 세어 둘 중에 많은 쪽의 개수를 적는다.

유형별	E/I	S/N	T/F	J/P
나의 유형				

E	체크
외부 활동에 적극적이다.	
대인관계 폭이 넓다.	
말로 표현하기 좋아한다.	
활동을 통해 활력을 얻는다.	
생각보다는 행동이 앞선다.	
솔직하며 사교적이다.	
처음 보는 사람과도 말을 잘한다.	
총 개수	

I	체크
내부 활동에 집중하고 생각이 많다.	
소수와 깊은 인간관계를 맺는다.	
혼자 있으면서 에너지를 충전한다.	
만난 사람들과의 기억이 희미하다.	
조용하고 신중하다.	
차분하며 고독을 즐긴다.	
처음 보는 사람에게 낯을 가린다.	
총 개수	

S	체크
오감에 의존한다.	

	체크
현재에 초점을 맞춘다.	
현실적이고 실제 경험을 중요시한다.	
기존 방식을 따르는 편이다.	
숲보다는 나무를 보려고 한다.	
일 처리가 꼼꼼하고 철저하다.	
사실적이고 구체적이다.	
총 개수	

N	체크
육감에 의존한다.	
미래에 초점을 둔다.	
아이디어나 창의력을 추구한다.	
기존 방식보다 새로운 방법을 시도한다.	
나무보다는 숲을 보려고 한다.	
일은 신속하고 빠르게 처리한다.	
변화와 다양성을 추구한다.	
총 개수	

T	체크
논리적이고 분석적이다.	
진실과 사실에 입각하여 판단한다.	
원리, 원칙, 규범을 중시한다.	
확실한 생각을 강조한다.	
감정 표현이 잘 안 나타난다.	
원리 원칙에 의해 설명한다.	
이성적이다.	
총 개수	

F	체크
사람들과의 관계를 중시한다.	
상황에 따라 판단하려 한다.	
우호적, 협력적인 분위기를 좋아한다.	
따뜻한 마음을 중시한다.	
감정이 쉽게 드러난다.	
내가 좋으면 그냥 좋다.	
감정적이다.	
총 개수	

J	체크
체계적이고 논리성을 중시한다.	
정리하는 것이 마음에 든다.	
계획을 짜서 하는 것이 편하다.	
약속기한은 철저히 지키는 편이다.	
뚜렷한 기준과 자기 의사가 분명하다.	
일을 미리 계획해 놓고 추진한다.	
목표의식이 뚜렷하다.	
총 개수	

P	체크
자율적이고 자발적으로 행동한다.	
그때그때 하는 것이 마음에 든다.	
계획에 묶이는 것이 불편하다.	
기한이 지나도 좋다고 생각한다.	
계획보다 상황에 따라 행동한다.	
일할 때 규정이나 정해진 틀이 싫다.	
목표와 방향은 유동적이다.	
총 개수	

3. SWOT 분석

SWOT분석이란, 특정한 과제를 해결하기 위해 내부역량(S/W)과 외부환경(O/T)을 조사하는 것으로 강점은 살리고, 약점은 최소화하며 기회를 활용, 위협을 최소화하는 전략을 수립하여 자기 개발과 진로, 취업에 활용하는 것이다.

작성방법 : SWOT 분석 각 파트별로 강점과 약점, 기회와 위협이 되는 것이 무엇인지 고민해 본 후 키워드 중심으로 작성해 본다.

SWOT분석	
Strength 강점 내부환경(취업준비생)의 강점	Weakness 약점 내부환경(취업준비생)의 약점
Opportunities 기회 외부환경(거시적, 경쟁자, 지원사업)에서 비롯된 기회	Threat 위협 외부환경(거시적, 경쟁자, 지원사업)에서 비롯된 위협

① **SO전략(강점-기회 전략)**

　시장의 기회를 활용하기 위해 강점을 사용하는 전략을 선택

② **ST전략(강점-위협 전략)**

　시장의 위협을 회피하기 위해 강점을 사용하는 전략을 선택

③ **WO전략(약점-기회 전략)**

　약점을 극복함으로써 시장의 기회를 활용하는 전략을 선택

④ **WT전략(약점-위협 전략)**

　시장의 위협을 회피하고 약점을 최소화하는 전략을 선택

SWOT를 바탕으로 객관적 자기 분석표 작성하기

작성방법 : 대학생활을 하면서 겪었던 일들을 아래 항목에 맞게 적어보면서 자신을 탐구하는 시간을 갖는다.

항목	내가 좋아하는 것	중요한 이슈	추가 내용
전공			
실무 경험			
봉사			
동아리			
아르바이트			
자격증			

기타			

4. 홀랜드의 성격, 행동유형 분석

진로에 대한 탐색을 시작하면 누구나 진로에는 너무 많은 가능성이 있다는 것을 느끼게 되고 고민을 하게 된다. 홀랜드는 진로 탐색의 범위와 관점을 좁히는 하나의 방법을 제공하면서 여섯 가지 성격 유형과 거기에 적합한 여섯 가지 기본적 직업환경을 제안했다.

그에 따르면 일반적으로 사람들은 여섯 가지 성격인 현실형(R)Realistic, 탐구형(I)Investigative, 예술형(A)Artistic, 사회형(S)Social, 진취형(E)Enterprising, 관습형(C)Conventional으로 정리된다.

각각의 성격유형은 환경에 직면했을 때 문제에 반응하는 태도나 기술에서는 물론 직업활동과 여가활동에 대한 선호도, 삶의 목표, 가치 등에서도 일련의 특징을 나타낸다.

사실 한 사람이 순수하게 하나의 유형에만 속하기는 드물다. 오히려 한두 가지의 유형이 두드러지게 우세하고 다른 유형들이 부차적으로 섞인 혼합형을 많이 볼 수 있다.

성격 분석을 통한 직업 흥미 체크리스트

작성방법 : 각 문항을 잘 읽고, 자신에게 해당되는 부분에 O, X로 체크한다.

현실형(R)	O X	합
운동을 잘하고, 신체를 잘 조절하며, 민첩하다.		
일할 때 손을 사용하는 것이 능숙하다.		
기준에 정확하게 맞추어 일해야 한다.		

기계나 장비를 잘 설치하고 잘 다룬다.		
바깥에서 일하는 것을 선호한다.		

탐구형(I)	O X	합
분석하고, 논리적이고, 문제를 해결하고, 구별하는 것을 즐긴다.		
내가 가진 지식으로 인정을 잘 받는다.		
연구하고, 읽고, 조사한다.		
생각하고, 적용하고, 발전시키고, 가설을 세우고, 발견한다.		
복잡하고, 어려운 작업에 임하는 것이 크게 불편하지 않다.		

예술형(A)	O X	합
아이디어를 표현하고 글로 쓴다.		
나의 독창성을 표현하는 데 자유롭고 어렵지 않다.		
학문 혹은 예술과 관련된 것이 흥미롭다.		
새로운 아이디어나 프로그램 등을 창조해 낸다.		
내 삶과 라이프스타일에 개인적인 조절능력을 갖는 것을 선호한다.		

사회형(S)	O X	합
타인을 직접 돕는 것을 선호한다.		
세상의 복지에 기여하고 싶다.		
타인을 상담하고, 영향력을 행사하고, 안내해 주고, 이야기를 잘 들어준다.		
문제를 해결하고, 사람을 중재하고, 연락을 잘 취한다.		
타인과 공동의 목표를 갖고 일하는 게 어렵지 않다.		

진취형(E)	O X	합
빠르게 앞서 나갈 수 있다.		
관리하고, 목표와 우선순위를 정하고, 계획하고, 결정한다.		
팔고, 협상하고, 믿음을 주고, 촉진시키고, 설득한다.		
타인의 행동에 영향을 미친다.		
타인에게 강한 인상을 주고, 존경받고, 지위가 있음을 선호한다.		

관습형(C)	O X	합
책임을 지고 의무를 다한다.		
세세한 주의가 필요한 일을 완수한다.		
계산하고, 비교하고, 조직화하고, 기록하고, 정돈한다.		
업무가 분명한 일을 한다.		
규칙적으로 일하고, 일정량의 일을 한다.		

직업 선호가 가장 높게 나온 유형: (   )

두 번째로 높게 나온 유형: (   )

⊙**결과 설명**

● **현실형(R)Realistic** : 운동능력이나 기계적인 능력을 가진 사람들로 물건, 도구, 기계, 동식물과 옥외에서 일하는 것을 더 좋아한다.

● **탐구형(I)Investigative** : 관찰하기, 배우기, 탐구하기, 분석하기, 평가하기, 문제풀기 등을 좋아한다.

● **예술형(A)Artistic** : 예술적, 개혁적, 직관적인 능력을 가진 사람들로 구조화 되지 않은 상황에서 일하기를 좋아하고 상상력과 창의력을 지니고 있다.

● **사회형(S)Social** : 사람들과 함께 일하기를 좋아하고 정보를 교환하며 다른 사람을 가르치고 도와주기를 좋아하며 교육, 훈련, 돌보는 일을 잘하며 언어 능력이 뛰어나다.

● **진취형(E)Enterprising** : 조직의 목표와 경제적인 이득을 위해 설득하고 영 향력을 행사하며 일을 수행하고, 지도력이 있으며 경영하기를 잘한다.

● **관습형(C)Conventional** : 자료를 가지고 일하기를 좋아하는 사람들로 경 리 능력이 있고 지시에 따라 일을 처리하며 세밀한 일 처리를 잘한다.

유형별 직업목록

구분	현실형	탐구형	예술형	사회형	진취형	관습형
활동과 직업에 대한 선호	기계, 도구나 사물의 조작	참구, 이해 활동 및 자연과 사회현상에 대한 통제	자유롭고 음악적이고 예술적인 활동	다른 사람을 돕는, 가르치는, 상담하고 돌보는	사람들을 설득, 지도하고 조정하는 활동	규칙을 세우고 유지하며 기준을 따르는 행동
성격 특징	남성적, 솔직, 성실, 검소, 지구력, 소박, 직선적, 단순함	지적 호기심 많고, 논리적·분석적, 합리적, 비판적, 내성적, 수줍음 잘 탐, 신중함	상상력, 감수성 풍부함, 자유분방 개방적, 감정 풍부, 독창적, 개성 강함	사람들과 어울리기 좋아함, 친절함, 이해심 많음, 봉사적, 감정적, 이상주의적	지배적, 통솔력·지도력 있으며, 말을 잘하고 설득적, 경쟁적, 이상적, 외향적, 낙관적, 열성적	정확, 빈틈없는, 조심성, 세밀함, 계획적, 변화를 좋아하지 않음, 완고함, 책임감 강함
가치	현실적인 성취에 대한 물질적 보상	지식의 개발 혹은 습득	아이디어, 감정, 정서의 창조적인 표현	타인의 복지와 사회적인 서비스 조장	물질적인 성취, 사회적인 지위, 위신, 권위	물질적인 성취, 사무적, 계산적 능력 발휘
자기에 대한 관전	실제적인 손재주와 기계적인 기술을 가진	분석적인, 지적인, 학문적 재능을 가진	경험에 대한 개방성, 지적인	동정적인, 대인관계 기술을 가지고 있는	판매하고 설득하는 능력을 가진	경영이나 생산기술을 가진
	사회적 기술이 부족한	대인관계 기술이 부족한	사무적인 기술이 부족한	기계적인 능력이 부족한	과학적인 능력이 부족한	예술적인 능력이 부족한
타인의 평가	평범한, 솔직한	지적인, 비사교적인	판에 박히지 않은, 창조적인	상냥한, 외향적인	열정적인, 집단활동을 좋아하는	조심스러운, 확신하는
회피하는 행동	타인과의 상호작용	설득 혹은 판매활동	짜여진 규칙에 대해 반복적이고 정형화된 활동	기계적이고 기술적인 활동	과학적, 지적이며 심오한 주제들	모호하고 구조화되지 않은 활동

대표 직업	경찰관, 농업인, 항공기 조종 사, 정비사, 엔지니어, 운동선수, 직업군인	과학자, 연구자, 의료기술자, 의사, 수의사, 심리학자, 통계학자	예술가, 음악가, 디자이너, 배우, 작가, 건축가, 사진가	상담가, 사회복지사, 성직자, 교사, 간호사, 의료보조원	경영인, 변호사, 정치가, 판사, 영업사원, 연출가	사서, 사무원, 공인회계사, 컴퓨터프로 그래머, 경제분석가

5. 나에게 어울리는 직업 찾기

작성방법 : 아래 항목에서 나에게 어울리는 말이나 직업유형을 적어보자. 그리고 내가 좋아하는 일과 싫어하는 일, 잘하는 일과 못하는 일을 생각해 보고 기록해 보자.

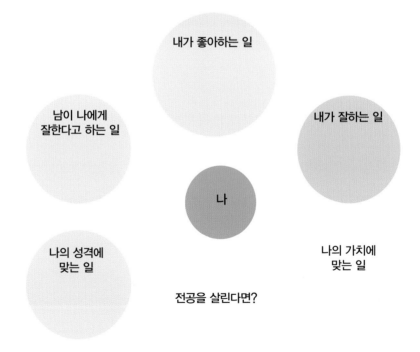

91

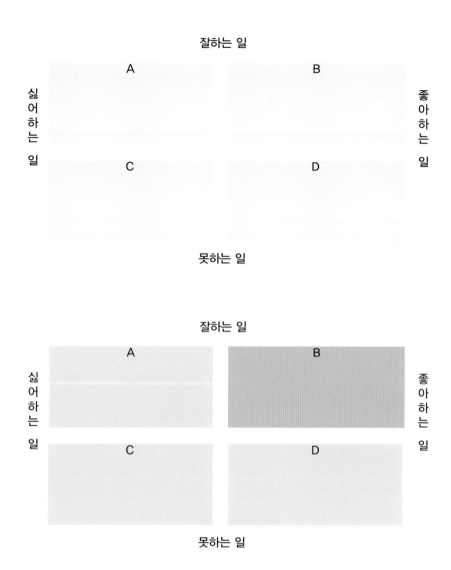

가장 이상적인 것은 내가 좋아하는 일인데 잘하는 일일 것이다.

직업 선택에 있어서 이런 상황을 종합해 보면 큰 도움이 된다. 계속해서 나에게 어울리는 직업분야와 종류에 대해 고민해 보는 시간을 갖자.

작성방법 : 위의 내용을 종합해 볼 때 나는 어떤 사람이며, 어떤 직업이 어울린다고 생각하는지 적어보자.

나는 어떤 사람인가?	
나에게 어울리는 직업분야는?	
나에게 어울리는 직업 종류는?	

PART

4

직업 탐구와 이해

PART 4

직업 탐구와 이해

산업구조의 변화에 따라 필연적 구조를 갖고 있는 직업의 세계 역시 변화가 나타난다. 지식 정보화시대는 정보기술을 통한 생산성 향상은 물론 부가가치가 높은 관련 산업이 대두되고 있고 인류에게 최고의 삶을 가져다주었다.

또한 산업구조가 변화되면서 사라지는 직업이 있고 새롭게 생겨나는 직업들도 있다.

직업의 세계를 얼마나 이해하느냐에 따라 미래를 대비할 수 있을 것이다.

우리나라는 금융위기 이후 불안정한 세계경제의 흐름 속에서 기업들이 정규직보다는 비정규직 채용을 늘렸다. 때문에 전반적으로 일자리의 질은 하락했다. 2020년 현재, 정부 차원에서 비정규직을 정규직으로 전환하는 문제를 두고도 정치적, 사회적 마찰은 계속 나타나고 있다.

1. 직업 선택에 영향을 미치는 가치관

가치관은 개인의 삶 속에서 일련의 기준으로서 기능하며, 우리는 그 기준에 따라 상대적 중요성을 판단하게 된다. 가치는 평가의 기준이 되고 그 결과 우리가 어떠한 입장을 취하거나 행동을 하도록 유도한다.

① 성취

스스로 달성하기 어려운 목표를 세우고 이를 달성하여 성취감을 맛보는 것을 중시하는 가치

② 봉사

자신의 이익보다는 사회의 이익을 고려하여 어려운 사람을 돕고 남을 위해 봉사하는 것을 중시하는 가치

③ 개별활동

여러 사람과 어울려 일하기보다 자신만의 시간과 공간을 가치로 여기고 혼자 일하는 것을 중시하는 가치

④ 직업 안정

해고나 조기 퇴직의 걱정 없이 오랫동안 안정적으로 일하며 안정적인 수입을 중시하는 가치

⑤ 변화 지향

일이 반복적이거나 정형화되어 있지 않으며 다양하고 새로운 것을 경험할 수 있는지를 중시하는 가치

⑥ 몸과 마음의 여유

건강을 유지할 수 있으며 스트레스를 적게 받고 마음과 몸의 여유를 가질 수 있는 업무나 직업을 중시하는 가치

⑦ **영향력 발휘**

타인에게 영향력을 행사하고 일을 자신의 뜻대로 진행할 수 있는지를 중시하는 가치

⑧ **지식 추구**

일에서 새로운 지식과 기술을 얻을 수 있고 새로운 지식을 발견할 수 있는지를 중시하는 가치

⑨ **애국**

국가의 장래나 발전을 위하여 기여하는 것을 중시하는 가치

⑩ **자율**

다른 사람들에게 지시나 통제를 받지 않고 자율적으로 업무를 해나가는 것을 중시하는 가치

⑪ **금전적 보상**

생활하는 데 경제적인 어려움이 없고 돈을 많이 벌 수 있는지를 중시하는 가치

⑫ **인정**

자신의 일이 다른 사람들로부터 인정받고 존경받을 수 있는지를 중시하는 가치

⑬ **실내활동**

주로 사무실에서 일할 수 있으며 신체활동을 적게 요구하는 업무나 직업을 중시하는 가치

[출처 : 한국고용정보원]

2. 내가 중요하게 생각하는 가치관

知之者不如好之者, 好之者不如樂之者

知之者不如好之者, 好之者不如樂之者(지지자불여호지자, 호지자불여락지자)

공자께서 말씀하시길 "어떤 사실을 아는 사람은 그것을 좋아하는 사람만 못하고, 좋아하는 사람은 즐기는 사람만 못하다."라고 했다. 진로 설계와 취업을 준비해야 하는 사람이라면 단순히 내가 즐길 수 있는 일만을 찾아서는 안 될 것이다. 그렇다고 또 '일단 취직부터 하고 봐야지'라는 태도도 옳지 않다. 나 자신에 대해 탐구해야 하고 내가 좋아하는 일을 찾아야 하며, 또 그 일을 즐길 수 있어야 한다. 무엇보다 일을 통해 나 자신만의 강점과 역량을 계발하여 나 자신의 가치관에 따라 인생의 소명을 발견해야 할 것이다.

작성방법 : 나의 직업 가치관 중에서 우선순위가 어떻게 되는지 체크해 보자.

내가 중요하게 생각하는 가치관 우선순위

1._____

2._____

3._____

4._____

5._____

가치관에 따른 직업 선택

① 성취

대학교수, 연구원, 프로 운동선수, 연구가, 관리자

② 봉사

판사, 소방관, 성직자, 경찰관, 사회복지사

③ 개별활동

디자이너, 화가, 운전사, 교수, 연주가

④ 직업 안정

연주가, 미용사, 교사, 약사, 변호사, 기술자

⑤ 변화 지향

연구원, 컨설턴트, 소프트웨어 개발자, 광고 및 홍보 전문가, 메이크업
아티스트

⑥ **몸과 마음의 여유**

   레크리에이션 진행자, 교사, 대학교수, 화가, 조경 기술자

⑦ **영향력 발휘**

   감독, 코치, 관리자, 성직자, 변호사

⑧ **지식 추구**

   판사, 연구원, 경영컨설턴트, 소프트웨어 개발자, 디자이너

⑨ **애국**

   군인, 경찰관, 검사, 소방관, 사회단체활동가

⑩ **자율**

   연구원, 자동차영업원, 레크리에이션 진행자, 광고 전문가, 예술가

⑪ **금전적 보상**

   프로 운동선수, 증권 및 투자 중개인, 공인회계사, 금융자산운용가, 기업 고위임원

⑫ **인정**

   항공기조종사, 판사, 운동선수, 연주가

⑬ **실내활동**

   번역가, 관리자, 상담원, 연구원, 법무사

[출처 : 한국고용정보원]

3. 나에게 맞는 직업 찾기

직업 정보 조사 체크리스트

작성방법 : 나에게 어울리거나 내가 희망하는 직업에 대한 조사를 한 뒤 그 정보를 키워드로 정리해 본다.

(1)

직업명	
조사항목	내용
필요한 학력	
자격 요건	
훈련기간 및 훈련기관	
구체적인 업무의 특성	
근무환경 (시간, 근무 조건 등)	
보수	
직업의 장점	
직업의 단점	
앞으로의 전망	
기타	

(2)

직업명	
조사항목	내용
필요한 학력	
자격 요건	
훈련기간 및 훈련기관	
구체적인 업무의 특성	

근무환경 (시간, 근무 조건 등)	
보수	
직업의 장점	
직업의 단점	
앞으로의 전망	
기타	

(3)

직업명	
조사항목	내용
필요한 학력	
자격 요건	
훈련기간 및 훈련기관	
구체적인 업무의 특성	
근무환경 (시간, 근무 조건 등)	
보수	
직업의 장점	
직업의 단점	
기타	

직업 선택을 위한 대차대조표 1

희망직업 중요기준	희망직업 1	희망직업 2	희망직업 3
1.			
2.			
3.			

4.			
5.			
6.			
7.			
8.			
9.			
10.			
11.			
12.			
13.			
14.			
15.			
합계	점	점	점
순위	순위	순위	순위

작성방법

① 각자 중요 기준은 본인에 따라 다를 수 있기 때문에 스스로 정한다. (급여조건, 복리후생, 여가, 사회적 안정, 취업 안정, 정년 보장, 기업 문화 등)

② 각 항목에 10점 만점으로 점수를 매겨본 후 점수를 합산해서 최종합계와 순위를 매긴다. (필요시에는 항목에 따라 가중치를 줄 수도 있습니다.)

③ 순위에 따라 희망하는 세 가지의 직업에 대해서 최종적으로 선택할지, 여전히 갈등이 되는 부분은 무엇인지 탐색이 필요하다.

직업 선택을 위한 대차대조표 2

작성방법 : 평가항목에서 가장 중요하다고 생각하는 항목에는 5점을, 가장 덜 중요하다고 생각하는 항목에는 1점으로 체크한다. 직업명 항목에는 / 표 앞에 각 직업에 대한 적합도를 매우 적합하면 3점, 적합하면 2점, 보통이면 1점으로 체크한다.

평가항목(가중치) *가장 중요항목 5점 가장 덜 중요항목 1점 (1-5점)	직업명 */표 앞 : 각 직업에 대해 평가항목에 대한 적합도 매우 적합 3점, 약간 적합 2점, 보통 1점 */표 뒤 : /표 앞의 평가항목 적합도 x 평가항목의 가중치				
	내용				
직업 가치에 맞는가? ( )	/	/	/	/	/
직업 흥미에 맞는가? ( )	/	/	/	/	/
직업 성격에 맞는가? ( )	/	/	/	/	/
적성에 맞는가? ( )	/	/	/	/	/
학업 성취도에 맞는가? ( )	/	/	/	/	/
경제적 여건에 맞는가? ( )	/	/	/	/	/
신체조건에 맞는가? ( )	/	/	/	/	/
사회적 인정 ( )	/	/	/	/	/
부모의 선호 ( )	/	/	/	/	/
합계					

PART
5

기업 분석

PART 5

기업 분석

1. 21세기 기업의 주요 환경 변화

4차 산업혁명의 21세기는 산업, 경제, 경영, 문화, 사회 체계 등을 둘러싼 근본적인 패러다임이 변화하고 있다. 아날로그에서 디지털의 문화로 환경이 바뀌면서 실로 다양한 것들의 변화가 나타나고 있다. 먼저 비전 지향, 가격 중시, 고객 중심 마케팅, 제조 및 제품 중시는 물론 가치 중시, 속도 중심의 경영과 혁신성 및 기업가정신 중시 그리고 지식 기반, 복합기능, 세계 중심 등의 키워드로 요약할 수 있다.

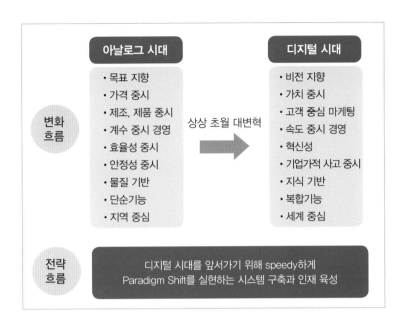

2. 기업의 분류

취업을 준비하는 사람이라면 자신이 희망하는 기업의 설립 근거와 목적, 주요 사업과 핵심가치, 인재상 등에 대한 자료조사와 분석은 필수이다.

① 대기업

대기업은 자본금이나 종업원 수 따위의 규모가 큰 기업으로, 보통 대규모의 생산자본과 영업조직을 갖추고 있어서 경제력뿐만 아니라 정치, 사회, 문화적으로도 엄청난 영향력을 행사하는 대규모 기업을 일컫는다.

'대기업'이라는 용어는 법적으로 엄밀하게 정의되지 않지만, 공정거래위원회가 사용하는 '대기업(집단)'이라는 용어는 독점규제법에 의해 지정된, 자산총액 5조 원 이상인 '공시대상 기업집단'과 10조 원 이상인 '상호출자제한 기업집단'을 칭한다.

이러한 대기업들이 뭉친 집단을 재계(財界)라고 일컫기도 한다.(나무위키)

② 공기업

국가 또는 지방공공단체의 자본에 의해 생산·유통 또는 서비스를 공급할 목적으로 운영되는 기업을 일컫는다.

③ 공공기관

공공기관은 정부의 투자, 출자, 재정지원 등으로 설립해 운영하는 기관을 의미한다. 「공공기관의 운영에 관한 법률」에 의해 기획재정부 장관이 매년 지정하며, 공공기관은 공기업, 준정부기관, 기타 공공기관으로 구분된다.

- 공기업과 준정부기관은 직원 정원이 50인 이상인 공공기관 중에서 지정하며, 공기업은 자체 수입액이 총수입액의 2분의 1 이상인 기관 중에서 지정하고, 준정부기관은 공기업이 아닌 공공기관에서 지정한다.
- 공기업은 자산 규모가 2조 원 이상이고 총수입액 중 자체 수입액이 100분의 85 이상인 시장형 공기업과, 시장형 공기업이 아닌 준시장형 공기업으로 나뉜다.
- 준정부기관은 「국가 재정법」에 따라 기금을 관리하거나 위탁받은 기금관리형 준정부기관과 기금관리형 준정부기관이 아닌 위탁집행형 준정부기관으로 나뉜다.
- 공기업과 준정부기관은 조직 운영, 인사 관리, 자금 운영 등 경영 전반에 대한 의사결정을 할 때 공공기관운영위원회의 심의·의결을 받아야 하며 다른 법인에 출자할 때에도 기획재정부와의 사전협의를 거쳐야 한다.
- 공기업과 준정부기관을 제외한 기관은 기타공공기관으로 지정한다.

(네이버 지식백과 참조)

④ 중소기업

자본금, 종업원 수, 시설 따위의 규모가 대기업에 비하여 상대적으로
작은 기업을 의미한다. 일반 제조업 기준으로 종업원이 300명 미만일
경우 중소기업으로 구분한다.

⑤ 중견기업

중소기업과 대기업의 중간 규모인 기업을 말하며, 법적으로 중소기업
기본법상 중소기업에 해당하지 않으면서 상호출자제한기업집단(대기
업)에 속하지 않는 수준의 기업이다.

일반 제조업 기준으로 종업원이 300명에서 1천 명 사이일 경우 중견기업
으로 구분한다.

과거 중소기업과 대기업 두 가지로만 구분하다가 2010년에 중견기업이
라는 용어가 생겼다.

⑥ 외국계 기업

자기 나라가 아닌 다른 나라 계열의 기업을 외국계 기업(外國系企業)이
라고 한다.

2020년, 4년제 대졸신입직 구직자 3,268명을 대상으로 '외국계 기업 취업
선호도'를 조사한 결과 '구글코리아'가 1위라는 결과가 나왔다. 2위는 '넷플
릭스코리아', 3위는 '애플코리아'가 각각 차지했다.

〈2020년 취업 준비생이 가장 취업하고 싶어하는 외국계 기업〉

- 1위 : 구글코리아(57.7%, 응답률)
- 2위 : 넷플릭스코리아(24.6%)
- 3위 : 애플코리아(18.8%)
- 4위 : 나이키코리아(15.8%)
- 5위 : 스타벅스코리아(14.7%)
- 6위 : 구찌코리아(12.9%)
- 7위 : 아마존코리아(9.0%)
- 8위 : 샤넬코리아(8.3%)
- 9위 : 월트디즈니코리아(7.7%)
- 10위 : 루이비통코리아(6.2%)

출처 : 잡코리아

3. 공기업과 사기업의 구분

공기업과 사기업의 대표적 차이점

	공기업	사기업
경영철학	국민 경제적 고객, 사회를 위한 최고의 제품, 서비스의 안정을 통한 국민 경제에 기여	목표지향적 고객을 위한 최고의 제품, 서비스 창출을 통한 성과 추구
기업문화	안정 추구	성과 추구
인재 키워드	조직 친화, 사명의식, 성실, 우직, 침착, 당당, 판단력	열정, 도전정신, 성실, 센스, 자신감, 결과

대한민국 20대 공공기관과 대기업

공기업	사기업
한국전력공사	삼성전자
한국수력원자력	삼성디스플레이
한국도로공사	삼성물산
한국국토정보공사	삼성생명
한전KPS	SK하이닉스
한국농어촌공사	SK이노베이션
한국전기안전공사	LG화학
한국수자원공사	LG전자
한국철도공사	LG디스플레이
한국주택토지공사	현대자동차
한국환경공단	현대모비스
한전KDN	현대제철
건강보험심사평가원	포스코
국민건강보험공단	포스코 인터내셔널
국민연금공단	기아자동차
근로복지공단	S-oil
도로교통공단	하나은행
주택관리공단	GS칼텍스
인천국제공항공사	KT
IBK기업은행	한화

4. 공기업의 장점과 단점

공기업의 장점

① 사기업에 비해 경제상황의 영향을 덜 받는 비교적 안정적인 직장

② 사기업과 다르게 정년이 보장되는 점

③ 출퇴근시간이 비교적 잘 지켜지는 편이라 워라밸이 가능

공기업의 단점

① 공기업만의 조직문화가 있다. 공기업은 설립 목적과 미션에 있어 매년 새로운 사업을 수행하긴 하지만 지난해에 했던 것과 큰 변화는 없다. 그만큼 조직 구성원의 자기계발 한계와 성장 가능성이 작을 수도 있다.

② 연봉이 대기업에 비하면 낮다. 사실 공기업의 연봉이 많이 낮은 편은 아니지만 대기업과 비교했을 때 높지도 않다.

③ 지방 근무, 지방 순환근무가 있다. 정부 정책에 따라 대다수 공기업, 준정부기관, 공공기관 등이 지방에 자리하고 있기 때문이다. 공기업은 일정 기간이 되면 순환근무를 해야 한다.

5. 기업의 인재상과 핵심가치

내가 목표로 하는 일, 꿈꾸고 있는 직장에 취업하고 싶다면 그 조직에 대해 얼마나 알고 있느냐가 매우 중요하다. 이를 기업 분석이라 한다.

기업 분석의 첫 번째 방법으로는 홈페이지 탐구를 추천한다. 기업과 관련된 정보로 기업의 이념, 사업, 조직, 비전, 인재상 등을 보면 기업문화 및 해당 기업이 추구하는 인재가 어떤 사람인지 확인할 수 있다. 특히, 기업의 홈페이지에 있는 지속 가능 경영보고서를 참고로 보아야 한다. 기업의 지속 가능 경영보고서는 기업이 앞으로 어떠한 중, 장기 전략으로 어떠한 방향성을 가지고 나갈지와 더불어 간략한 재무현황까지 면접을 준비하는 데 필요한 대부분의 정보가 담겨 있다. 이러한 기업에 대한 충분한 자료조사를 통해 나의 비전과 일치하는지 확인할 수 있으므로 기업이 원하는 인재상과 조직분위기를 내재화하여 철저하게 준비한다.

기업의 인재상

앞서 '나'라는 사람에 대한 다각도 탐구와 분석이 있었다. 그렇다면 이제는 내가 희망하는 기업과 조직에 맞는 사람인지에 대한 고민과 분석도 필요하다. 인재상이란 '회사의 미션을 수행하고 비전을 달성하기 위하여 구성원들에게 요구되는 현재 및 미래의 바람직한 모습'을 말한다. 기업이 필요로 하는 인적자원관리 방향과 좌표를 설정하는 기준이기도 하며 기업 규모, 업종, 형태, 문화에 따라 또는 시대적, 기업 환경 변화에 따라 달라진다. 기업이 원하는 인재상 중 본인을 가장 잘 나타낼 수 있는 한 가지를 선택하여 내가 왜 이 회사에서 일해야만 하는지를 적절한 사례와 함께 미리 준비해 두자.

100대 기업의 인재상 변화

공기업	2008년	2013년	2018년
1순위	창의성	도전정신	소통 · 협력
2순위	전문성	주인의식	전문성
3순위	도전정신	전문성	원칙신뢰
4순위	원칙신뢰	창의성	도전정신
5순위	소통 · 협력	원칙신뢰	주인의식
6순위	글로벌 역량	열정	창의성
7순위	열정	소통 · 협력	열정
8순위	주인의식	글로벌 역량	글로벌 역량
9순위	실행력	실행력	실행력

출처 : 대한상공회의소

2018년 업종별 인재상

구분	제조업	금융·보험업	무역·운수업	건설업	도소매업	기타 서비스업
1순위	**소통·협력**	**주인의식**	**전문성**	**주인의식**	**전문성**	**소통·협력**
2순위	원칙·신뢰	전문성	주인의식	도전정신	원칙·신뢰	도전정신
3순위	전문성	원칙·신뢰	소통·협력	소통·협력	주인의식	전문성
4순위	창의석	소통·협력	열정	창의성	열정	주인의식
5순위	도전정신	도전정신	창의성	글로벌 역량	창의성	원칙신뢰
6순위	열정	창의성	글로벌 역량	전문성	소통·협력	실행력
7순위	글로벌 역량	글로벌 역량	도전정신	원칙·신뢰	글로벌 역량	창의성
8순위	주인의식	열정	원칙·신뢰	열정	도전정신	열정
9순위	실행력	실행력	실행력	실행력	실행력	글로벌 역량

출처 : 대한상공회의소

기업의 핵심가치

　핵심가치는 조직이 본질적으로 가장 소중하게 여기며 지속적으로 추구하는 믿음과 신념을 의미한다. 기업의 모든 의사결정과 행동방식에서 최소 기준이 되며 기업의 성공과 직결된다. 많은 기업들이 핵심가치의 중요성을 인식하고 핵심가치를 행동규범이나 실천 원칙, 나아가 평가지표로까지 구체화시키며 기업의 경영전략 및 인사제도와 적극적으로 연계하고 있다. 신입사원을 채용하는 과정에서도 마찬가지다. 따라서 자기소개서에 기업의 핵심가치가 어느 정도 반영되어야 하며 면접관들은 지원자가 우리 기업의 핵심가치에 부합하는 사람인지를 평가한다.

6. 기업 경영환경과 요구역량 분석

기업의 경영환경 분석

기업 내·외부적인 환경을 알아보기 위해 기초 정보수집 외에, 외부환경·및 내부역량 분석을 토대로 전략을 수립할 필요가 있다. 지원 기업이 처해 있는 기업 내·외부 환경에 대한 정확한 정보수집을 통해 지원하려는 기업에 대한 깊은 이해를 하고 있다면 지원자의 명확한 역할과 기여도를 제시할 수 있기 때문이다.

기업이 요구하는 역량 분석

대부분의 기업은 역량 기반의 인사와 육성을 기본으로 하고 있다. 기업에서 요구하고 있는 공통 역량과 리더십 역량, 직무역량을 이해함으로써 그에 맞는 자신의 역량을 잘 반영해 낼 수 있어야 한다. 특히, 기업의 직무역량은 입사 서류와 면접 시 본인의 역량을 잘 드러내기 위한 필수역량이기 때문에 무엇보다도 중요하다.

신입사원 채용에 있어 기업에서 요구하는 직종 무관 공통적 역량

역량	정의
윤리의식	직업적, 개인적 윤리의식이 높고 사회적, 조직적 가치관과 일치하는 도덕적 판단력에 따라 행동한다.
목표의식	매사 목표 달성을 위해 구체적인 계획을 수립하여 체계적으로 노력한다.
수리능력	수리 및 계량적인 자료에 친숙하고 수리 계산이 빠르며 효과적으로 정리, 관리한다.
대인관계 형성능력	조직 내외의 여러 이해 관계자들과 신뢰할 수 있는 관계를 형성하여 자신 혹은 회사에 긍정적 영향을 미치도록 한다.
팀워크	팀 내 구성원들이 하나가 되어 긍정적인 조직문화를 구축하고 이를 통해 다양한 곳에서 높은 성과를 낸다.

조직 이해 능력	공동체 의식을 바탕으로 조직에 대한 높은 자부심과 충성심을 갖고 조직의 상황을 정확히 이해한다.
문제 해결 능력	특정한 문제에 대한 원인을 정확히 파악하여 해결하고 이에 대한 재발 방지 책까지 마련한다.
도전정신	어렵고 힘든 일이라도 실패를 두려워하지 않고 도전하여 목표를 성취하고 이전과 다른 새로운 대안을 제시한다.
자기 개발	자신의 분야에서 최고를 지향하며 꾸준히 자신의 역량을 개발하려 노력한다.
글로벌 마인드	타 문화권에 대한 심층적인 이해를 바탕으로 외국인과 원활하게 업무를 수 행하며 국제정세의 변화에 유연하게 대처한다.
커뮤니케이션 능력	상대방이 말하고자 하는 것을 정확히 파악하고 내가 말하고자 하는 것을 정 확히 전달하여 타인과 효과적으로 소통한다.
정보, 기술 활용 능력	컴퓨터 및 OA를 능숙하게 활용하여 업무를 효과적이고 효율적으로 처리한다.

출처 : 한국고용정보원(2014), 청년취업역량프로그램 진행자용 매뉴얼

7. 기업이 원하는 리더십 역량 키우기

기업은 리더십을 발휘해 구성원들과 함께 조직의 비전과 전략을 실현할 수 있는 인재를 원한다. 셀프리더십이 잘 발휘되면 자연스럽게 리더십이 실현된다. 리더십이란, '다른 사람으로 하여금 자발적으로 노력하게끔 영향력을 행사하는 능력'을 말한다.

기업에서 원하는 리더십의 유형은 다양하다. 그렇기 때문에 꼭 자신의 리더십 역량을 증명하기 위해 동아리의 회장, 과대표, 학교 간부 등 리더의 역할을 필수적으로 수행한 경험을 강조할 필요는 없다.

시대의 흐름상 요즘은 조직 내 수직적 관계보다는 수평적 관계 속에서 타인에게 미치는 긍정적인 영향력이나 경청능력, 커뮤니케이션 능력 등을 요구하는 조직도 많다.

과거 어떤 리더의 모습으로 무슨 역할을 수행했는지보다 이제는 리더십 역량을 어떻게 발휘해서 어떤 결과와 효과를 도출해 냈는지에 더 큰 관심을 갖고 집중을 하게 된다.

기업에서 요구하는 대표적인 리더십 역량 3가지

비전 공유	비전 공유란 비전을 명확히 수립하고 비전을 실현하기 위해 구체적인 전략과 목표, 추진 활동을 제시하는 것을 말한다. 또 그 과정에서 비전이 모든 구성원들의 일상 생활 속으로 녹아들 수 있도록 다양한 방법을 통해 지속적으로 소통하는 것을 의미한다. 비전 공유 역량은 동기 부여 역량과도 밀접한 관련이 있다. 기업의 비전을 실현하는 것이 기업에 이익이 될 뿐만 아니라 구성원 각 개인에게도 이익이 될 수 있음을 인식하면 지속적으로 커뮤니케이션할 때 구성원들의 역량을 최대로 이끌어낼 수 있기 때문이다. 비전 공유 역량이 탁월한 사람은 조직의 비전이 구성원들의 업무와 어떻게 연계되어 있는지, 또 조직의 성공이 구성원 각 개인의 성공과 어떻게 연관되어 있는지를 구체적이면서도 명확하게 커뮤니케이션한다.
동기 부여	동기 부여는 사람의 마음을 열고 행동하도록 움직이게 만드는 것을 말한다. 상대방에 대한 인정과 칭찬을 통해 긍정적 자극을 주고, 다른 사람들이 스스로 목표를 설정하고 이룰 수 있도록 권한을 위임하는 것이 바로 동기 부여다.
코칭	코칭이란 코칭받는 사람이 지닌 무한한 가능성을 믿고, 그 사람 내부에 존재하는 문제의 답과 능력을 끌어내는 것을 말한다. 즉, 코칭은 코칭받는 사람이 자신의 잠재력을 최대한 발휘하는 과정에 동반자가 되는 것이다. 코칭역량이 뛰어난 사람들은 자신이 하고 싶은 말은 적게 하고 상대방의 생각과 의견을 주의 깊게 잘 듣는다. 상대방을 깊이 이해할수록 코칭의 효과가 높아지기 때문이다. 또한 상대방이 스스로 문제의 해결책을 찾거나 문제의 핵심에 접근할 수 있도록 효과적인 질문을 한다. 섣부른 판단과 경솔한 조언은 하지 않는 것이다. 그리고 리더십 역량 중 코칭능력이 뛰어난 사람은 상황에 적합한 피드백을 잘한다. 상대방이 잘한 행동에 대해서 긍정적인 피드백을 하고 반대로 잘못한 행동에 대해서는 상대방의 자존감을 지켜주면서도 행동의 개선을 위한 교정적인 피드백을 잘 해준다.

출처 : 에노모토 히데타케(2003), 코칭의 기술, 더난출판사 ; 김한훈 외(2014), 취업의 정석, 비전코리아

TIP! 연봉용어 상식 더하기

- 연봉(年俸) : 1년 동안 직장인이 받은 봉급의 총액
- 봉급(俸給) : 어떤 직장에서 계속적으로 일하는 사람이 그 일의 대가로 정기적으로 받는 일정한 보수
- 근속급(勤續給) : 근로자의 근속기간에 따라 증액되는 임금 부분
- 기본급: 본봉, 연령급, 능률급, 근속급 등 기본적으로 지급되는 급여로 근로계약, 취업규칙, 단체협약 등에 의하여 소정의 근로시간 또는 법정 근로시간에 대하여 지급하기로 정하여진 기본 임금을 말한다. 연봉제의 경우 기본 연봉을 월액으로 환산한 것이다.
- 수당(手當) : 정해진 봉급 이외에 따로 주는 보수. 수당의 종류는 직무, 근무와 직무수당, 자격수당, 특수작업수당, 시간 외 근무수당 등이 있다. 생활 보조와 복리후생을 위한 수당에는 가족수당, 지역수당, 통근수당, 급식수당, 종신수당 등이 있다. 근로기준법 수당으로는 시간 외 근로 수당, 휴일 근로 수당, 야간 근로 수당, 연차 수당 등이 있다.
- 상여금(賞與金) : 직원에게 정기 급여와는 별도로 업적이나 공헌도에 따라 상여로 돈을 주는 제도. 일반적으로 사용자가 근로자에게 정기적으로 지급되는 통상 임금 이외에 일정한 시기 혹은 조건에 따라 지급하는 돈으로 '보너스'라고도 말한다. 상여금은 강제성이 없는 임금이다. 따라서 기업의 판단에 따라 지급되며, 지급되는 경우에는 근로기준법상 임금에 포함된다. 기업에서 공개하는 연봉에는 이러한 상여금이 포함된 경우가 많다. 호봉제를 운영하는 기업은 상여금 300%, 400%, 600%제도가 있다.
- 성과급(成果給) : 조직 구성원이 달성한 작업의 성과를 기준으로 지급하는 임금. 개인이나 집단이 수행한 작업의 성과나 능률을 평가해 그 결과에 따라 차등 지급하는 보수이다. 성과급은 생산성 향상에 목적이 있다. 대부분의 기업이 상여금을 연봉에 포함하는 것과는 달리 성과급은 포함하지 않는 경우가 많다. 외국계 기업은 성과 평가에 따른 성과급을 연봉수준의 약 220%에 해당하는 범위 내에서 차등 지급한다.

PART
6

직무 분석

직무 분석

1. 전략적 취업 준비를 위한 직무 이해의 4단계

① 지원 직무에 대한 이해

지원하고자 하는 직무가 어떤 일인지 명확히 이해할 것

② 직무 수행에 대한 범위 이해

지원하는 기업의 규모, 업종, 지원 기업의 특성에 따라 다른 직무의 수행범위를 이해할 것

③ 직무에 따른 역할 이해

지원하고자 하는 직무의 역할은 직무수행 환경에 따라 변수가 있기 때문에 직무 역할의 이해와 더불어 변수에 따라 달라지는 직무 역할 또한 이해가 필요함

④ 직무의 다양성에 대한 이해

직무의 상대적 가치는 기업의 입장에서 분석한 뒤 지원하고자 하는 기

업의 업종과 규모 등의 특성에 따라 업종별 직무수행의 범위와 수행범위 변화에의 이해가 필요함

2. 구직자와 기업의 관점 차이

진로와 취업 설계를 할 때 구직자는 흥미, 재능(적성), 보람을 고려한다. 하지만 기업의 관점에서는 구직자와 차이가 있다. 기업 입장에서는 인재 채용에 있어 능력, 역량, 재능, 적성을 본다.

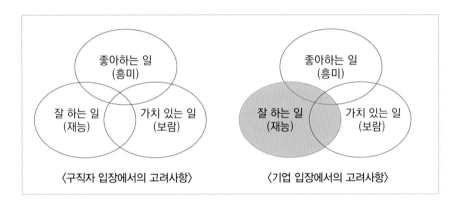

취업난이 심각해질수록 많은 구직자, 취업 준비생들은 스펙 쌓기에 집중을 한다. 그러나 불필요한 오버 스펙보다는 내가 지원하고자 하는 일과 관련된 경험과 스펙에 집중하는 것이 좋다.

야구를 막연히 좋아하지만 야구에 대해 전혀 모른다면 야구장에서 즐거운 시간을 보낼 수 없다. 혹은 야구를 싫어하는데 야구장에 가야 하는 상황이라면 그것 또한 즐겁지 않을 것이다. 반면에 야구를 좋아하기 때문에 야구에 대해 공부하고 야구장에 간다면 아는 만큼 보이기 때문에 충분히 즐거운 시간을 가질 수 있다.

마찬가지로 구직자 입장에서만 생각할 것이 아니라 기업의 관점에서도 접근하되 내가 지원하는 직무에 대한 이해와 나에 대한 이해의 시간이 분명히 필요하다.

나를 뽑아야 하는 이유 객관화 작업하기

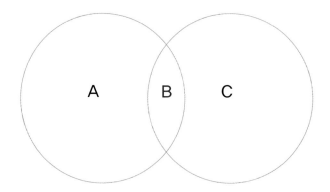

A: 직무 요구 역량 : 필요하지만 현재 없는 역량, 향후 보완해야 하는 역량

B : 나를 뽑아야 하는 이유

C : 직무와 무관한 역량 현재 보유 역량

작성방법 : 위의 원그래프에 해당되는 나의 역량을 키워드 위주로 적어보자.

A. 직무 요구 역량 : _____

B. 나를 뽑아야 하는 이유 : _____

C. 직무와 무관한 역량 : _____

3. 개인역량과 직무역량 근거 탐구

개인역량이란 조직 내·외부 환경조건 아래서 특정 직무와 역할을 효과적으로 수행하고 높은 성과를 달성하는 데 관련이 있는 개개인의 행동, 지식, 기술, 경험, 가치관 등의 안정적이고 지속적인 특성을 말한다.

희망직종에 대한 나의 보유 역량 근거 탐색활동

구분	기대되는 요구 역량	보유 및 강점 역량	근거 활동 경험 사례

희망 직종에 대한 나의 보유 역량 근거 탐색활동 시뮬레이션 방법

작성방법

① 활동지에 공통 역량 진단한 것과 관련해서 본인이 관심 있는 직종이나 업종과 관련한 역량 몇 가지를 적는다. 12가지를 다 표시할 필요는 없고, 12가지 중에서 자신에게 더욱 중요한 역량을 기대되는 요구 역량 부분에 적는다.

② 내가 취업하기 위해 그 역량은 어느 정도 수준이 요구될 것으로 예상되는지 1에서 5점 수준으로 표시한다. 가장 낮은 수준이 1, 가장 높은 수준이 5이다. 점수 옆에는 현재 그 역량과 관련한 나의 수준을 1에서 5로 표시한다. 그리고 나서 현재 수준에서 필요한 수준을 뺀 점수를 차이 항목에 적는다.

③ 내가 지원하려는 회사나 직무와 관련하여 중요할 것으로 생각되는 역량들을 쭉 나열하고 각각 현재 수준과 필요 수준에 대해 5점 척도로 평가해 본다.

④ 남에게 보여주기 위한 것이 아니니 최대한 솔직하게 표시하는 것이 중요하며 맨 오른쪽의 비고 영역에는 부족하여 앞으로 더 개발해야 하는 역량인지, 아니면 비교적 잘 충족하고 있거나 충분한 역량으로 내가 입사 지원할 때 나의 강점으로 부각하고 PR해도 되는 역량인지 적어보자.

(예시)

구분	기대되는 요구 역량	예상되는 필요 수준 A	나의 역량 보유 수준 B	차이 B-A	비고
공통 역량	조직이해능력	필요 수준	3	-1	개발 필요
	커뮤니케이션능력	A	5	1	강점 영역
	대인관계형성능력	4	5	1	강점 영역
기업(조직) 특성					

직무 특성 관련					

출처 : 한국고용정보원(2014), 청년취업역량프로그램 진행자용 매뉴얼

직무역량별 주요 키워드

내가 지원하고자 하는 기업에서 요구하는 인재상의 역량에 해당되는 키워드를 활용해서 입사 서류를 작성하면 도움이 된다. 이때 지원하는 회사의 인재상을 제대로 파악하는 것은 매우 중요하다. 하지만 자기소개서를 쓸 때는 회사의 인재상에 초점을 두는 것보다 지원하는 직무에 필요한 역량, 자질, 적성에 맞춰 자신을 어필하는 게 좋다.

역 량	주요 키워드
전문성	전문, 최고, 탁월, 자기개발, 프로, 실력, 탁월 등
도전정신	개척, 모험, 도전, 과감한 시도, 변화, 선도, 위험 감수 등
창의성	상상, 인식 전환, 독창, 가치 창출, 창의, 혁신 등
윤리의식	인간미, 정직, 신뢰, 원칙 준수, 도덕성, 무결점 등
팀워크	협력, 팀워크, 공동체의식, 배려, 동료애, 소통능력 등
열정	승부, 근성, 체력, 건강, 자신감, 도전, 열정 등
주인의식	주인의식, 책임의식, 사명감, 성실성 등
글로벌 역량	열린 사고, 국제적 소양, 어학능력, 글로벌 마인드 등
실행력	실천, 추진력, 행동, 리더십, 신속한 의사결정 등

교육부가 제시한 직업 기초능력

직무환경 역량	하위요소	하위능력
직무 현장 기초 역량군	의사소통능력	• 읽기, 쓰기, 듣기, 말하기 능력 • 비언어적 표현능력 • 프레젠테이션 문서의 논리적 작업능력 • 외국어 능력
	수리활용능력	• 사칙연산 이해 및 활용능력 • 통계와 확률에 대한 계산능력 • 정량적 자료 해석능력
	정보활용능력	• 정보수집 및 관리능력 • 정보 분석능력 • 컴퓨터 활용능력
관계 관리 역량군	대인관계능력	• 협동능력 • 리더십 능력 • 갈등관리능력 • 협상능력 • 고객서비스능력
	문화이해능력	• 다양성 이해능력 • 다문화 이해능력
과제 해결 역량군	문제해결능력	• 문제 인식 및 이해 능력 • 대안 탐색능력 • 대안 적응능력 • 대안 평가능력 • 의사결정능력
	자원 관리능력	• 시간 관리능력 • 예산 관리능력 • 자원 활용능력
	기술활용능력	• 기술 이해능력 • 기술 적용능력 • 기술 선택능력
조직 기여 역량군	조직이해능력	• 조직체계 이해능력 • 경영 이해능력
	변화관리능력	• 조직 혁신 이해능력 • 국제감각능력 • 업무혁신능력

4. 합격과 직무에 필요한 능력

① 합격에 필요한 능력

인사 담당자가 채용 시 가장 높이 평가하는 조건은 46.8%의 결과로 자격증이었다.

그 뒤를 이은 학점은 29.1%, 인턴경력이 28.2%, 학벌이 23.1%, 토익점수가 17.4%, 봉사활동이 15.2%, 수상경력은 11.1%였고, 마지막 어학연수가 6.6%로 가장 낮은 순위를 차지했다.(사람인 설문조사-인사 담당자 316명 설문 복수 응답)

인사 채용에 있어 자격증을 높이 보고 있다는 말은 직무에 적합한 사람, 직무 수행능력이 높은 사람을 선호한다는 말로 설명된다. 신입보다는 경력직을 선호하는 채용동향과 크게 보면 일치하는 분위기다.

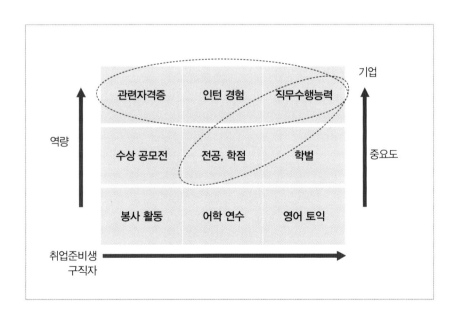

② 직무에 필요한 능력

앞서 인사 담당자들이 요구하는 능력이 직무과 관련된 것이었다면 이번에는 먼저 취업에 성공한 직장인 선배들이 현업에서 느꼈던 실제 업무, 직무에 필요한 능력에 대해 알아보자.

전국경제인연합회의 설문조사에 따르면 입사 후 현업에서 업무 수행에 도움이 되었던 능력으로는 77.5%가 컴퓨터 능력으로 1위를 차지했다. 신속한 업무처리를 위한 효율적인 능력으로 문서 작성, 컴퓨터 활용능력이 실무에서 필요했고 이어 48.9%로 스피치 능력이 2위를 차지했다. 조직에서의 원활한 커뮤니케이션은 물론 같은 일을 해도 스피치 능력, 발표 능력에 따라 결과가 달라지는 경우가 많은 만큼 선배 직장인들은 스피치 능력을 실무에 꼭 필요한 능력으로 언급했다. 업무 관련 자격증 38.1%, 전공지식 32.4%, 인턴경험 25.8%, 영어점수 23%, 대외 봉사경험 15.1%, 해외 유학경험 10.6%, 수상경험 7.9%의 결과가 나왔다.

PART
7

취업 스트레스 관리와
마인드셋

취업 스트레스 관리와 마인드셋

1. 마인드 컨트롤

취업난은 점점 더 심해지고 취업시장은 빠르게 변화되고 있다. 그런 상황에서 취업 준비생, 구직자는 더욱 불안하고 위축되기 마련이다. 나만 이렇게 불안한 걸까, 생각하지 말자. 다 비슷한 상황이고 심정이다. 이런 부정적인 생각이 지속되어서는 좋을 게 전혀 없다. 이때 자기암시를 통해 마인드 컨트롤을 하는 방법이 있다.

자기암시를 통한 마인드 컨트롤 방법

① 마음속으로 자신 스스로가 무엇을 수행하는지 그림을 그린다.
② 성공적으로 수행했을 때의 만족을 경험하면 어떤 기분일까를 상상한다.
③ 이를 통해 실제 성과에 앞서 상징적으로 행동 결과를 경험한다.
④ 실제 성과를 내기 위한 행동에서 목적을 이루기 어려운 것보다 쉬운 것을 선택하자.

2. 신념 관리와 긍정의 셀프 토크

신념 관리
① 자신의 신념을 관찰하자.
② 성공적인 취업에 대해 긍정적 신념을 갖도록 노력하자.

긍정적 셀프 토크
① 긍정적, 낙관적 사고를 수시로 체크하자.
② 부정적, 비관적 사고를 피하자.
③ 어려운 상황을 문제라기보다는 기회로 해석하려 노력하자.
④ 어려움이나 실패에 안주하기보다는 더 잘하기 위해 다시 일어서자.
⑤ 무엇을 할 수 있는가에 집중하고 고민하자.

긍정적 사고와 행동력
목표가 설정되었다면 '난 할 수 있다'라는 확신을 스스로에게 심어주면서 긍정적인 결과가 나올 수 있도록 노력해야 한다. 취업에 성공하는 상상을 습관처럼 수시로 하자. 그리고 그 꿈을 이루는 데 비생산적이거나 불필요한 것들은 청산해야 한다. 무엇보다 변명하는 습관을 버리고 상상이 현실이 되기 위해 무엇을 해야 할 것인지에 대한 고민을 구체적으로 하고 행동으로 옮겨야 한다.

타인의 시선으로는 문제를 해결할 수 없다. 나의 문제 해결은 결국 내가 '나'를 잘 아는 것으로부터 시작되기 때문에 나를 향한 질문과 자기 경청 그리고 긍정적인 마인드 컨트롤이 반복될수록 내 삶의 진정한 주인으로 살게 되고 취업 성공에 가까워질 수 있다.

질문을 통해 얻은 답변을 바탕으로 보다 성숙한 삶으로 성장, 변화되기 위해서는 뚜렷한 삶의 목적과 사명도 중요하지만 그것을 이루기 위한 열정과 용기 그리고 자기 자신을 향한 믿음과 격려가 중요하겠다. 하지만 내가 원하는 꿈과 목적은 뚜렷하지만 그것을 이루기 위한 과정이 구체적이지 않거나 측정 불가한 목표들이라면 곤란하다.

3. SMART시간 관리 활용

- S(Specific) : 구체적으로
- M(Measurable) : 측정 가능하게
- A(Action-oriented) : 진취적이지만 달성 가능하게
- R(Realistic) : 결과 지향적으로
- T(Timely) : 시간 제한을 두고

　　SMART시간 관리기법은 막연한 꿈을 목표로 다듬는 과정이자 도구이다. 보다 구체적이고 정확한 목표가 설정될수록 목표를 달성할 가능성은 높아진다.

	내용	예시
S	목표는 명확하게 상세하게	영어 토익 공부하기 토익 학원 등록, 수강하기
M	측정 가능하게 목표를 설정해서 목표 달성 여부, 진척 정도, 노력 정도 등을 수시로 관찰&평가 가능하게 할 것	토익점수를 **점 향상시키기
A	나의 능력과 열정으로 달성할 수 있는 현실적이고 실제적인 목표를 설정하기	현재 600점대의 토익점수를 700점대로 향상시키기
R	목표에 따라 수립되는 활동과 행동은 달성할 결과에 초점을 맞출 것	토익 100점 향상을 위해 학원 결석 없이 매일 수강하기 하루에 단어 20개씩 외우기 주의점 : 많은 모임과 약속 　　　　늦잠, 낮잠, 게으름 　　　　지구력 부족
T	시간 제한이 없는 목표는 성취하지 못할 가능성이 크기 때문에 목표 달성기한을 제한적으로 설정한 뒤 평가하기	토익점수 700점대를 위한 집중 공부 노력기간을 6～7개월로 잡기

목표를 이루기 위한 효율적인 시간 관리

한정된 시간을 고려해 효율적으로 시간을 관리하는 사람은 목표를 이루는 데도 유리하다.

시간 관리를 통한 목표 설정은 확고한 방향을 설정해 줄 뿐만 아니라 시간 낭비를 줄여준다. 효율적인 시간 관리의 대표적인 방법은 아래와 같다.

① 일의 완료 시점을 정한다.

② 일에 몰입한다.

③ 휴식시간을 즐긴다.

④ 긍정적으로 생각한다.

시간 관리 매트릭스

	긴급한 일	긴급하지 않은 일
중요한 일	(긴급하면서도 중요한 일)	(중요하지만 긴급하지 않은 일)

중요하지 않은 일	(긴급하지만 중요하지 않은 일)	(긴급하지도 중요하지도 않은 일)

시간 관리 셀프 체크리스트

작성방법 : 각 항목별 질문에 전혀 아니다 1점, 아니다 2점, 보통이다 3점, 그렇다 4점, 매우 그렇다 5점으로 답하고 해당하는 점수를 기록하여 합계를 내보자.

항목	전혀 아니다	아니다	보통 이다	그렇다	매우 그렇다
일의 우선순위를 잘 알고 있다.					
일하기 전에 그 일이 중요한지 중요하지 않은지 먼저 구분 짓는 작업을 잘한다.					
시간 계획과 약속시간을 잘 지키는지 스스로 점검하는 편이다.					
시간 낭비를 어떨 때 하는지 무엇 때문에 시간을 허비하는지 잘 알고 있다.					

시간 계획을 위해 주변 사람들에게 도움을 청하기도 한다.				
어떤 일에 있어 불편하고 어려운 것이 발생하면 그것을 없애려고 노력한다.				
일이 잘 풀리지 않을 때 기분 전환을 하려고 한다.				
어떤 일을 수행함에 있어 돌발상황이나 예기치 않은 사건에 대비해 시간을 예비로 만들어두기도 한다.				
정해진 기한이나 시간, 날짜가 있다면 시간이 부족할 때 연장을 요청해서라도 맡은 일을 끝까지 다하려고 노력하는 편이다.				
미리 계획한 목표에 따라 일을 결정한다.				
지금 내가 어떤 일을 시작함에 있어 이 일에 걸리는 시간이 어느 정도일지 미리 파악한다.				
연, 월, 주, 일별로 계획을 짜서 시간 사용을 효율화시키려 노력하는 편이다.				
별도의 시간을 만들어 계획 세우기와 일정 관리에 신경을 쓴다.				

⊙시간 관리 셀프 체크리스트 결과 공유

- 1점~25점 : 시간 관리에 개선할 여지가 많다.
- 26점~50점 : 일정 부분 시간 관리를 잘 하기도 하지만 좀 더 노력한다면 더욱더 시간을 효율적으로 관리할 수 있을 것이다.
- 51점~75점 : 효율적으로 시간을 잘 관리하고 있다.

4. 취업 성공을 부르는 셀프리더십

① 셀프리더십

셀프리더십이란 타인이 리더가 아니라 자기 스스로 자신을 통제하고 행동하며 이끄는 리더십을 의미한다. 자율적 리더십 혹은 자기 리더십이라고도 한다.

셀프리더십이 있는 사람은 기본적으로 책임을 회피하기보다 책임을 지려는 경향이 있고 문제 해결을 위한 창의력과 자율적 통제를 위한 역량을 갖추고 있다. 셀프리더십은 자아실현의 욕구와 같은 고차원적인 욕구에 의해 동기부여되는 존재이며 자기 관리(self-management)보다 상위수준의 개념이라고 볼 수 있다.

② 셀프리더십을 키우는 방법

자기 성찰, 자기 경청

셀프리더십을 키우기 위해 가장 먼저 해야 할 것은 나 자신과의 대화이다. 내가 누구인지 내가 무엇을 좋아하고 앞으로 무엇을 하고 싶어 하는지 등 나 자신을 향한 끊임없는 질문과 경청의 시간이 필요하다. 이런 자기 성찰의 시간을 통해 나 자신에게 부족한 것이 무엇인지 또 무엇을 원하고 있는지 그것을 얻고, 이루기 위해서는 무엇을 해야 하고 어디쯤 와 있는지 파악하는 데 이보다 더 좋은 방법은 없다.

현재의 나 자신을 제대로 아는 것에서부터 셀프리더십은 시작된다. 보다 건설적이고 성공적인 진로와 취업을 위해 자기 성찰의 시간을 갖자. 나와의 대화시간은 자기 탐구와 이해하기에 큰 도움이 된다.

5. 비전과 목표 설정

뚜렷한 비전과 목표가 있다면 그 목표를 이루기 위한 구체적이고 체계적인 행동이 결국은 답이다. 누군가가 대신 설계해 준 인생의 비전과 목표가 아닌 나 자신이 스스로 고민하고 생각한 끝에 설정한 비전과 목표일 때 과정과 결과 또한 긍정적일 수 있다.

비전과 목표의 현실화를 이루기 위해서는 장기적인 목표와 함께 단기적 목표를 꼭 만들어야 한다. 이때 단기 목표가 최대의 효과를 내기 위해서는 반드시 장기 목표와 일치해야 하며 그 목표가 구체적이고 도전적일 때 더욱 효과적으로 자신의 행동을 관리할 수 있다.

목표 실천을 촉진시키는 힘

① 성취동기

가치 있는 목표를 달성하고 훌륭한 행위 기준에 도달하려 하는 개인의 동기 또는 욕구를 말한다. 그 일 자체에 즐거움과 의미를 부여하는 동기를 가지고 일을 성취하는 경우에 이를 성취동기라고 한다. 성취동기 수준이 높은 사람은 실패에 대한 불안보다 성공에 대한 희망이 크지만 성취동기 수준이 낮은 사람은 실패에 대한 불안이 더 크다고 한다.

성취동기가 높은 사람의 특징

- 문제에 대한 답을 발견하기 위하여 개인적인 책임감을 갖는 상황을 좋아한다.
- 어려운 목표를 설정하며 위험을 염두에 두고 주의를 기울이는 경향이 있다.
- 실패를 피하려는 것보다 긍정적인 성취에서 만족감을 얻으려는 경향이 있다.

② **자기 통제감**

목표를 정하고 실행할 때 무엇에 의해 결정되고 영향을 받는가에 대한 생각은 각자의 믿음과 관련이 있다. 보상. 성공. 실패의 원인을 주로 자신의 행동과 노력으로 돌리는 사람은 내적 통제 소재를 지녔다고 말한다.

이들은 자신의 운명과 부를 통제할 수 있다고 느끼며 자신의 성취가 노력과 선택에 의해 결정될 것이라고 믿는다.

반면 또 다른 사람들은 보상, 부, 역경이 타인이나 운명, 상황에 의해 부적으로 통제받는다고 믿는다. 그들은 외적 통제 소재를 지녔다고 말한다.

두 종류의 통제 중 맞다 틀리다, 좋다 나쁘다는 없다. 이 두 종류의 사람들과 달리 어떤 사건의 결과는 자신의 통제 밖의 힘에 의해서 결정된다고 인식하는 동시에 어떤 사건의 결과가 나 자신의 행동에 의해 좌우된다고 생각하는 사람들도 있다. 이렇게 삶에서 중요한 사건의 귀인을 내적으로 돌리거나 외적으로 돌리는 경향성은 실제로 목표를 실행하고 행동하는 데 영향을 미치기도 한다.

③ **노력에 대한 낙관성**

나 자신의 삶을 긍정적으로 통제할 수 있는 신념이 바로 노력에 대한 낙관성이다. 노력에 대한 낙관성은 삶에 대한 근거 없는 낙관성, 폴리애나적 접근방식(Pollyanna는 포스터의 소설에 나오는 여주인공으로 대단한 낙천가다. 폴리애나적 접근방식이란, 무섭거나 감당하기 어려운 일이 닥쳤을 경우에 적극적으로 대처하기보다 어떻게든 되겠지라는 안일한 심리를 가지는 것을 말함)이 아니라 당연한 신념과 확신으로 채워진 접근방식이다. 노력에 대한 낙관성은 계획을 세우고 실행하는 데 있어 중요한 부분이다.

실천 행동하기

① 단기 목표 설정하기

장기 목표 실행을 위한 단기 목표와 최단기 목표를 설정하는 게 중요하다. 지금 당장 실현 가능한 목표를 설정해서 실행하는 것이다.

② 행동 전략

단기적인 전략이나 최단기 목표를 달성하기 위한 접근방법을 고민하고 개발하는 것이다.

③ 행동 목표

실제로 달성해야 하는 것이 바로 행동 목표이다. 이때 행동 목표를 설정하면서 꼭 명심해야 할 것은 구체적이어야 한다는 것이다.

행동 목표는 구체적이면서도 관찰과 수치 확인이 가능해야 하며 자신의 통제 안에 있는 것으로 정해야 한다.

④ 행동 과정 기록하기

⑤ 진행 상황표 작성하기

구체적인 시간표에 따른 진행 상황표를 작성하는 것도 중요하다. 구체적인 목표를 달성했다면 다음 목표 달성을 위한 또 다른 목표를 보기 좋은 그래프나 도식화하여 진행 상황표를 작성하는 것이다. 한눈에 볼 수 있으면 스스로를 격려하고 동기와 수행에 관해 더 솔직해질 수 있기 때문이다.

행동 관리하기

① 행동을 관찰하고 기록하기

7일에서 10일가량 행동 변화를 위해 자신이 한 행동과 그것이 일어나는 상황에 대해 확실하게 알기 위한 기록을 한다.

② 행동 변화 보상하기

행동 변화를 위한 시도가 잘 이루어지지 않는다면 포기하고 싶어질 때 다시 자신의 목표와 실천과정을 기록하면서 처음부터 시도한다. 이때 새로운 보상과 효과적인 보상을 찾는 것도 좋다. 예를 들면 주간 보상, 월간 보상 등 새로운 보상을 설정해 보자.

③ 행동 계약하기

관찰과 기록 등은 모두 자신의 행동에 대한 통제수단이 된다. 또한 이루고자 했던 것이 현실이 되는 가장 중요한 수단이 되기도 한다.

이 과정에서 해결해야 하는 과제를 공개적으로 확인받는 것이 행동 계약이며 자기관리의 중요한 부분이다. 행동 계약을 통해 바람직하지 못했던 습관들을 바로잡을 수 있다. 쉽게 말해 목표를 현실화하기 위한 나 자신과의 확고하고도 명확한 약속이라 생각하면 된다.

행동 계약서 양식 예시

- 말로 표현할 수 있어야 한다.
- 믿을 만한 것이어야 한다.
- 성취할 수 있어야 한다.
- 통제할 수 있어야 한다.
- 성취를 측정할 수 있어야 한다.
- 내가 하기를 원하는 어떤 것으로서 호감이 가야 한다.

- 분명한 하나의 행동이어야 한다.
- 자신 또는 다른 사람의 성장을 촉진하는 것이어야 한다.

6. 취업 성공에 유리한 매력 UP, 호감 UP

매력적인 사람은 면접에서 유리하다. 이는 외모 평가가 결코 아니다.

호감도는 단순히 외향적인지 내향적인지의 평가가 아니다. 호감도가 높은 매력적인 사람들은 자존감이 높고 자신을 사랑하고 이해할 줄 안다. 눈에 보이는 외적 아름다움에만 집중하는 것이 아닌 내적 아름다움이 있다. 면접에서 좋은 점수를 받으면 최종 합격할 확률이 높다. 합격 이후 입사했을 때도 역시 유리하다. 긴 시간 함께 근무하는 직장동료라면 누구라도 이미지가 좋고 호감 있는 매력적인 사람과 일하고 싶어 할 것이다.

그럼 이번에는 호감도 평가를 자가진단해 보기로 하자.

호감도 자가진단표

작성방법 : 각 문항을 읽고 해당된다면 YES에 1점을, 해당되지 않는다면 NO에 0점을, 잘 모르겠다면 0.3점을 체크하자.

	문항	YES	NO
1.	나는 나 자신을 사랑하고 누구를 만나든 당당하게 행동한다.		
2.	의견이 달라도 차이를 인정하고 입장을 바꿔 생각한다.		
3.	남의 얘기를 잘 듣는 편이라 누구든 나와 대화하기를 좋아한다.		
4.	직업이 다른 사람을 만나도 쉽게 공통점을 찾는다.		
5.	잘난 척하기보다 진솔하게 단점을 드러내는 편이다.		
6.	나보다 나이 어린 사람에게도 모르면 모른다고 솔직히 말하고 도움을 청하는 편이다.		
7.	문제가 생기면 남을 탓하거나 투덜거리지 않는다.		
8.	나쁜 일이 있어도 그 속에서 좋은 점을 찾는다.		

9.	험담을 하지 않으며 뒷담화에 동참하지 않는다.		
10.	사람들에게 자연스럽고 기분 좋게 호감을 전달할 수 있다.		

출처 : 표형종(2014), 취업체크리스트

⊙**시간 관리 셀프 체크리스트 결과 공유**

- 총점 8~10점 : 원하기만 하면 누구와도 친밀한 관계를 구축할 수 있으며 호감도 역시 만점인 사람이다.
- 총점 4~7점 : 이미 호감 요인을 많이 가지고 있다. 첫 만남을 지속적인 우호 관계로 발전시킬 수 있는 역량이 있다. 저마다 부족한 점이 있다. 이를 보완하면 호감도는 더 높아질 것이다.
- 총점 3~0점 : 첫 만남에서도 호감도를 얻기가 쉽지 않다. 만약 얻게 되더라도 친밀한 관계로 발전시키는 데 어려움이 있다. 자신의 태도를 점검해 보고 해결책을 찾는 작업이 필요하다.

호감도를 높이는 방법

① **표정 연습, 미소 연습을 한다**

면접관은 지원자의 눈과 입을 먼저 보고 또 많이 본다. 자연스럽게 웃는 모습을 평소에도 습관화하자.

기분 좋은 표정은 단연 미소가 있는 표정이다. 미소는 호감형 이미지 형성뿐만 아니라 건강증진의 효과도 크다. 타인과의 관계에 긍정적 영향을 주고 나 자신의 정신건강에도 매우 유익한 미소 훈련을 지속적으로 하는 것이 좋다.

미소 훈련

- 입꼬리 올리기 : '위스키'한 상태에서 힘을 빼고 입을 다문다.
- ㅏ, ㅐ, ㅣ, ㅗ, ㅜ, ㅔ 발성 연습을 통해 입 주위 근육을 충분히 풀어준다.
- 눈동자를 여러 방향으로 움직여서 눈빛을 자연스럽게 만든다.
- 생기 있고 진정성 있는 미소는 눈빛과 눈 주변 근육에 달려 있다.

② 보디랭귀지도 의식하자

때로는 말보다 몸이 더 많은 말을 하기도 한다. 호감을 부르는 자세와
제스처, 그리고 눈맞춤은 면접장에서뿐만 아니라 평소에도 그 사람의 이
미지를 크게 좌우하게 된다.

면접시간의 흐름에 따른 지원자의 인상 형성

	면접 평가에 영향을 주는 이미지와 효과 내용	
첫인상	표정, 인사, 자세, 동작, 옷차림, 태도 등 주로 외적인 부분으로 인상 결정 면접관에게 일방적으로 매우 짧은 시간 안에 평가됨	
	초두효과 Primacy Effect	먼저 제시된 정보가 나중에 들어온 정보보다 더욱 강력한 영향을 미치는 것
	후광효과 Halo Effect	한 가지 장점이나 매력 때문에 관찰하기 어려운 다른 성격적인 특성들도 인상 형성에 좋게 평가되는 경향
	악마효과 Devil Effect	나쁜 인상 때문에 한 사람의 다른 측면까지도 부정적으로 평가되는 경향
중간 인상	면접이 진행되는 과정에서 말하는 태도와 내용, 말투 등으로 평가 첫인상이 긍정적이었다면 긍정 이미지를 각인시킬 수 있고 부정적이었다면 좋게 바꿀 수 있는 좋은 기회	
	맥락효과 Context Effect	처음 제시되었던 정보가 나중에 들어오는 정보들의 처리 지침을 만들고 전반적인 맥락을 형성하는 것
	부정성효과 Negativity Effect	부정적인 특징이 긍정적인 특징보다 인상 형성에 더욱 강력하게 작용하는 현상
중간 인상	낙인효과 Stigma Effect	과거의 이력이 현재의 평가와 첫인상에 영향을 주는 것으로 부정적 편견이나 선입견이 관계에도 영향을 주는 현상. 첫인상과 중간 인상, 이후 관계에도 부정적 영향을 줌

끝인상	면접이 마무리되는 과정에서 결정되는 인상으로 소홀하기 쉬움 인사, 자세, 시선, 말투, 태도 등에 더 신경을 써줄 것	
	최근효과 Recency Halo Effect	마지막에 제공되는 정보나 가장 최근에 받은 이미지가 그 인물에 대한 인상 평가에 영향을 줌. 첫인상만큼 끝인상도 매우 중요

③ 부정 언어보다는 긍정 언어를 사용하자

'아' 다르고 '어' 다르다고 하지 않는가. 같은 의미를 담고 있어도 표현을 달리하면 결과에도 변화가 생긴다. 예를 들면 '나쁘지 않습니다'라는 표현을 '좋습니다'라고 바꿔 말해보자.

PART

8

입사지원서 전략

PART 8

입사지원서 전략

1. 입사지원서의 중요성

입사지원서는 이력서와 자기소개서로 구분되며 인사담당자에게 자신을 선보이는 최초의 얼굴이다. 이력서는 지원자의 신상정보 및 학력, 경력, 기타 활동을 기재한 문서이다. 반면 자기소개서는 이력서에서 볼 수 없는 지원자의 성격이나 가치관을 폭넓은 방식으로 알릴 수 있는 서류이다. 개인에 대한 평가를 단순히 겉으로 드러낸 포장에 의존하는 것은 아니지만 자신의 능력을 제대로 표현하지 못하면 면접의 기회조차 잡지 못하는 경우도 있다. 구직자와 구인자를 연결해 주는 수단이자 자신을 알리는 최소의 얼굴인 만큼 정확한 작성방법으로 정성스럽게 작성하자.

2. 이력서 작성방법

① 사진

- 사진은 면접관에게 첫인상을 주는 요소이므로 최소한 2번 이상 촬영하여 더 나은 것을 사용한다.
- 사진은 6개월 이내 촬영한 것으로 단정한 헤어스타일과 복장을 갖춘다.
- 지원회사의 사진규격을 준수한다. 전자문서로 지원할 때는 정해진 크기의 파일 사이즈로 편집한다.
- 좋은 인상을 주기 위해 밝은 표정을 짓는다.
- 헤어스타일은 앞머리보다는 이마가 보이는 것이 밝은 인상을 준다. 여성의 경우 단발머리나 머리가 긴 경우에는 머리를 단정히 묶는다.
- 다른 사람으로 보일 정도의 과한 보정은 면접 시 면접관에게 안 좋은 이미지를 줄 수 있다.

② 인적 사항

- 이력서에 작성한 내용과 제출하게 될 증명서류에 맞추어 기재한다.
- 지원자의 성명과 주소, 연락처, 희망 업무, 지원 분야 등을 기재한다.
- 글씨 배치를 왼쪽으로 통일하여 작성하고 한자나 영문 이름에 오류가 없도록 한다.
- 주소를 기재할 때 약칭으로 쓰지 말고 전체 지명으로 기재한다.
- 이메일 주소나 전화번호 기입 시 오타나 숫자의 오류가 없도록 한다.

③ **학력사항**

- 최근 정보순으로 기재한다
- 학교 입학일이나 졸업일은 제출 서류대로 정확히 기재한다.
- 기간을 표시할 때 통일성 있게 작성한다.
- 학점기재 시 성적증명서의 학점을 만점 대비, 기재한다.
- 남자의 경우 군복무사항을 정확히 기재한다.

④ **경력사항**

- 경력사항은 인사담당자가 가장 관심있게 보는 항목이다.
- 직장을 다닌 경력이 없더라도 인턴이나 아르바이트 활동을 통해 직무와 관련된 경험과 지식을 쌓았음을 보여주면 미흡한 경력을 보완할 수 있다.
- 최근 경력사항을 상단에 쓴다.
- 근무했던 기관명과 입사일자, 퇴사일자, 담당업무, 직위를 정확히 기입한다.
- 지원분야에 직접적으로 도움이 되는 경력을 쓴다.
- 인턴이나 아르바이트 경력이 아니라면 3개월 미만의 짧은 직장 경력은 기재하지 않는 것이 좋다. 짧은 경력은 끈기 없는 사람으로 비쳐질 수 있다.

⑤ **자격사항**

- 자격증은 업무와 관련 있는 국가공인 자격증 위주로 기재한다.
- 외국어 구사능력은 보통 1~2년 이내 공인인증점수를 적는다.
- 수학한 기간은 정확하게 기입하고 자격증의 경우 자격명, 발급기관, 발급일 등을 구체적으로 기입한다.

⑥ **병역사항**

- 남자의 경우 군복무 사항을 함께 기재하고 여자는 빈 칸으로 둔다.

- 군필 여부, 계급, 제대 구분, 군별, 군번, 병과, 복무 기간을 기재한다.

⑦ **기타 사항**

- 봉사활동, 동아리활동, 인턴십 등 학교나 사회활동사항을 기재한다.
- 활동 기간, 활동 내용뿐만 아니라 수상 경력, 상벌 사항 등의 과외 활동 성과도 언급하는 것이 좋다.
- 가능하면 직무와 연관성이 높은 과외활동을 중점적으로 기입한다.

3. 이력서 작성 시 주의사항

- 맞춤법 검사와 오탈자 확인은 필수적이다.
- 컴퓨터 능력 등을 기입할 때 '능숙'이라는 표현은 애매하므로 '상, 중, 하'로 기입한다.
- 어학능력은 점수뿐만 아니라 입증할 사본 이미지 파일까지 첨부한다.
- 욕심이 앞서 사실이 아닌 내용이나 과장하여 쓰는 일은 없어야 한다.
- 온라인 입사 지원을 할 때는 마감시간에 긴박하게 지원하지 말고 미리 준비한다. 또한 사진 첨부는 회사에서 지정한 사이즈와 파일 포맷, 용량을 준수해야 한다.

이 력 서

사 진 (3x4cm)	성 명	한 글		생년월일	
		한 자		만 나이	
	주 소				
	연 락 처	집/핸드폰 :			

<table>
<tr><td rowspan="2">병
역</td><td>복 무 기 간</td><td>군 별</td><td>계 급</td><td>병 과</td><td>면제사유</td></tr>
<tr><td></td><td></td><td></td><td></td><td></td></tr>
</table>

<table>
<tr><td rowspan="4">최
종
학
력</td><td>기   간</td><td colspan="2">학 교 명</td><td>전 공 (학 위)</td></tr>
<tr><td>~</td><td colspan="2"></td><td></td></tr>
<tr><td>~</td><td colspan="2"></td><td></td></tr>
<tr><td></td><td colspan="2"></td><td></td></tr>
</table>

<table>
<tr><td rowspan="7">경
력</td><td>기   간</td><td>근 무 처</td><td>직위(급)</td><td>업 무 내 용</td></tr>
<tr><td>~</td><td></td><td></td><td></td></tr>
<tr><td>~</td><td></td><td></td><td></td></tr>
<tr><td>~</td><td></td><td></td><td></td></tr>
<tr><td>~</td><td></td><td></td><td></td></tr>
<tr><td>~</td><td></td><td></td><td></td></tr>
<tr><td>~</td><td></td><td></td><td></td></tr>
</table>

<table>
<tr><td rowspan="5">자
격
증</td><td>취득년월일</td><td>자 격 • 면 허 명</td><td>시 행 처</td></tr>
<tr><td></td><td></td><td></td></tr>
<tr><td></td><td></td><td></td></tr>
<tr><td></td><td></td><td></td></tr>
<tr><td></td><td></td><td></td></tr>
</table>

본인은 아래 기재내용이 사실과 다름이 없음을 확인하며, 허위 기재 사실이 발견될 경우 불합격 등 어떤 처분에도 일체의 이의를 제기하지 않겠습니다.

2020년   월   일

성 명 :   인

PART
9

자기소개서 전략

PART 9

자기소개서 전략

1. 자기소개서의 의미

자기소개서는 이력서에서 보여주지 못한 자신을 폭넓은 전개 방식으로 알릴 수 있다는 특징이 있다. 지원자가 자신에 대해 상세하고 구체적으로 기록함으로써 면접관에게 자신을 진솔하게 드러내는 글이다. 특히 자기소개서는 조직 적합성과 역량 적합성을 구체적으로 드러냄으로써 기업이 원하는 준비된 인재임을 각인시킬 수 있다. 인사 담당자들은 자기소개서를 통해 지원자의 성격과 가치관, 대인관계와 책임감, 창의력과 문제해결능력뿐 아니라 지원자의 장래성과 포부, 문장력과 의사전달능력까지 파악하고자 한다. 기본에 충실하면서도 자신만의 개성을 보여주는 동시에 자신이 회사에서 필요로 하는 인재임을 어필할 수 있어야 한다. 자기소개서는 단순히 구비서류 중의 하나로 생각할 수 있지만 면접과 더불어 취업 여부에 결정적인 영향을 미치는 관문이자 면접의 기초자료로써 중요한 역할을 한다. 또한 입사 이후에도 개인 신상에 관한 중요한 문건이므로 신중하게 작성하자.

성장과정 작성법

성장과정항목은 지원자가 어떤 가정교육을 통해 어떻게 성장했는지 파악하고자 하는 것이다. 일대기 형식의 나열이 아닌 지금의 나를 두고 한두 가지의 인상적인 경험이나 사건에 초점을 맞춰 작성한다. 지금까지 자라오면서 어떤 경험이 자신에게 중요한 영향을 미쳤는지가 핵심이다. 또한 지원하고자 하는 회사나 업무에 관심을 가지게 된 에피소드나 역경을 딛고 힘차게 살아온 과정을 기술한다.

2. 지원동기 작성법

지원동기는 자기소개서의 핵심사항이며 면접에서도 이 부분을 재차 확인할 만큼 중요한 항목이다. 때문에 어느 회사에서든 써먹을 수 있는 뻔한 애기로는 인사 담당자의 마음을 사로잡기 힘들다. 지원회사와 지원직무에 대한 철저한 분석을 통해 애사심과 충성심을 어필해야 한다.

지원회사의 특성을 단순히 나열하는 소극적인 동기는 지양하며 지원회사에서 열정을 발휘할 준비가 되어 있음을 보여주기 위해서는 회사의 특성과 자신의 가치관, 인생의 지향점 등을 결합시킨 적극적인 지원동기를 제시한다. 왜 회사가 자신을 뽑아야 하는지, 자신이 앞으로 어떻게 기업에 기여할 수 있는지 설득력 있게 기술한다.

3. 성격의 장단점

성격의 장점은 지원회사의 핵심가치나 인재상과 연계된 것 또는 지원 직무를 수행하기에 적합한 성격 요소들 중에서 골라야 한다. 또한 장점을 입증할 근거로 장점을 발휘하여 성과를 거둔 경험을 제시한다. 반면에 단점은 조직생활이나 직무수행에 있어 치명적인 단점이 아니라면 실제 본인의 단점을 솔직하게 이야기한다. 대신 단점을 극복하거나 개선하기 위한 노력을 구체적인 행동과 방법론을 담아 작성한다.

4. 학교생활 및 경력사항

지원한 회사에 입사하기 위해 그동안 어떤 활동을 하고 준비해왔는지 보여줄 수 있는 부분으로 지원 분야와 관련된 활동을 명시한다. 학교생활 항목에서 사회성이나 조직 적응 능력에 대해 기술하고 업무 관련 공부를 통하여 어떻게 업무와 연계할 수 있을지 어필한다.

구체적인 활동에서 노력한 부분과 이 활동을 통해 이룬 성과와 배운 점을 기술한다.

경력사항은 직무에 직접적으로 연관이 있는 경험을 통해 배운 점을 토대로 지원회사에 어떻게 이바지할 수 있는지에 중점을 두어 설명한다.

5. 입사 후 포부

지원자의 열정을 확인함과 동시에 지원회사에서 기여할 의지가 있는지를 파악하는 항목이다. 또는 마음속에 지니고 있는 미래에 대한 희망 또는 계획을 의미한다. 회사에서 자신의 위치나 직무를 고려하여 5년 후, 10년 후 등의 구체적인 미래 계획을 적어주면 좋다. 궁극적으로 어떤 경력 목표에 도달하고자 하며, 구체적으로 어떤 활약을 펼칠 것인지를 명확하고 생생하게 드러낸다. 제시한 목표를 달성하기 위해 지금까지 준비해 온 노력도 덧붙인다.

6. 자기소개서 작성 시 주의사항

● 우선 자기소개서는 읽는 사람의 입장에서 써야 한다. 비록 자신의 이야

기라도 논리적이고 객관적으로 서술해야 한다.

- 자기소개서 각 항목 위에 주제 문구를 독특하게 구성해 면접관이 보고 싶도록 만든다.
- 진부한 표현이나 지루하게 반복되는 문구는 사용하지 않는다. 간결하고 효과적인 표현으로 처음과 끝을 다듬는다.
- 해당 분야의 경력이나 실적 및 경험을 최근 중심으로 작성한다.
- 자기소개서에 제한된 글자 수는 최대한 지킨다.
- 지원회사에서 요구하는 인재상을 파악하여 자신의 경험과 연결하여 작성한다.
- 정확한 문법과 논리적인 표현을 구사하며 오타가 없어야 한다.
- 자기소개서는 한두 번 수정한 것에 만족하지 말고 계속 수정해 완성도를 높여 나간다.

PART
10

NCS역량 기반 입사지원서

NCS역량 기반 입사지원서

최근에는 공공기관이나 많은 기업에서 NCS(National Competency Standards) 채용이 늘어나고 있다.

NCS는 'National Competency Standards'의 약자로 '국가직무능력표준'을 뜻한다. 불필요한 스펙 경쟁을 완화하고 능력 중심 채용을 확산하겠다는 취지로 국가에서 직무별로 요구되는 능력의 표준을 제시한 것이다. 따라서 NCS입사지원서는 개인의 신상, 학점, 어학점수 등의 직무수행능력과 직접적으로 관련이 없는 항목들을 과감히 제거하였다. 대신, 직무수행능력을 확인하는 데 필요한 정보들 위주로 구성되어 있다.

1. NCS 기반 직업기초능력표

	문항	YES
문제해결능력	문제상황이 발생했을 경우, 창조적이고 논리적인 사고를 통하여 이를 올바르게 인식하고 적절하게 해결하는 능력	사고력 문제처리능력

의사소통능력	글과 말을 통해 상대방의 의견을 듣거나 자신이 뜻한 바를 표현할 때 그 의미를 정확하게 파악하고 전달할 수 있는 능력	문서이해 문서작성 경청 의사표현 기초외국어
수리능력	사칙연산, 통계, 확률의 의미를 정확하게 이해하고 이를 업무에 적용하는 능력	기초연산 기초통계 도표분석 도표작성
자기개발능력	자기의 능력을 스스로 관리하고 개발하는 능력	자아인식 자기관리 경력개발
자원관리능력	업무를 수행하는 데 시간, 예산, 물적 자원 등의 자원 중 무엇이 얼마나 필요한지를 확인하고, 이용 가능한 자원을 최대한 수집하여 실제 업무에 어떻게 활용할 것인지를 계획하며, 계획대로 업무수행에 이를 할당하는 능력	시간관리 예산관리 물적자원관리 인적자원관리
대인관계능력	직장생활에서 조직구성원들과 협조적이며 원만한 관계를 유지하고 상호 간 도움을 주며, 구성원들 간의 갈등을 원만히 해결하고 고객의 요구를 충족시킬 수 있는 능력	팀워크 리더십 갈등관리 협상 고객서비스
정보능력	업무에 필요한 정보를 수집, 분석하여 의미 있는 정보를 찾아내 적절히 활용하고, 이 과정에서 컴퓨터를 사용하는 능력	컴퓨터활용 정보처리
기술능력	업무를 수행하는 데 필요한 도구, 수단 등에 관한 기술적 요소들을 이해하고 이를 적절히 선택 및 적용하는 능력	기술이해 기술선택 기술적용
조직이해능력	자신이 속한 조직의 체제와 경영 및 이와 관련된 국제 추세에 대해 이해하는 능력	경영이해 조직체제이해 업무이해 국제감각
직업윤리	원만한 직업생활을 위해 필요한 태도, 매너, 올바른 직업관	근로윤리 공동체윤리

2. NCS역량 기반 입사지원서 작성법

① 인적 사항

직무기반의 입사지원서에서는 인적 사항을 최소화한다. 지원자들을 식별하고 관리하기 위해 성명, 생년월일, 연락처 등의 필수 정보들만 구성하고, 기존처럼 가족사항이나 취미, 특기와 같이 불필요한 사항들은 배제하였다. 하지만 기업 및 기관의 특성에 따라 요구하는 항목이 다를 수 있기 때문에 절대적인 기준이라 할 수는 없다.

② 교육사항

학교교육과 직업교육으로 나눠 직무수행에 필요한 KSA(지식, 기술, 태도)를 평가한다. 교육과정에 대한 구체적인 내용은 이후 자기소개서나 직무능력소개서에 기술하도록 되어 있다. 경영관리직군에서 수행하는 다양한 업무를 제시하고 이와 관련된 직업교육과 학교교육을 체크할 수 있도록 하였고, 교육과 관련된 내용은 온라인교육으로 확대해서 작성할 수 있다.

③ 자격사항

NCS 세분류별로 제시되어 있는 자격현황을 참고하여 지원자가 직무수행에 필요한 스킬을 가지고 있는지 판단하며, 해당 직무와 관련 있는 자격만 명시할 수 있도록 하고 있다.

④ 경력사항 및 직무관련 활동

경력사항과 직무관련 활동을 구분하는 기준은 보수를 받고 한 일인지 아닌지가 그 기준이 된다. 경력사항에는 보수를 받고 근무한 인턴 경험, 또는 아르바이트 경험을 작성할 수 있다. 하지만 보수를 받았다고 하더라도 어설픈 아르바이트 경험을 적는 것보다 직장에서의 근무경험을 적는 것이 좋다. 직무관련 기타 활동이 많아 추가해야 할 경우에는 기업 및 기관에 따라 추가 작성할 수 있다.

3. NCS기반 입사지원서 양식

1. 인적사항

- 인적사항은 필수항목이므로 반드시 모든 항목을 기입해 주십시오.

지원구분	신입( ) 경력( )	지원분야		접수번호	
성명	(한글)	생년월일	(월/일)		
현주소					
연락처	(본인휴대폰)	전자우편			
	(비상연락처)				

2. 교육사항

- 학교 교육은 제도화된 학교 내에서 이루어지는 교육과정을 의미합니다. 아래의 질문에 대하여 해당되는 내용을 기입해 주십시오.

학교교육

* [경영/경제/회계/무역] 관련 학교교육 과목을 이수한 경험이 있습니까?

* [통계] 관련 학교교육 과목을 이수한 경험이 있습니까?

* [경영전략/평가/성과관리] 관련 학교교육 과목을 이수한 경험이 있습니까?

* [광고/홍보/매스컴] 관련 학교교육 과목을 이수한 경험이 있습니까?

- '예'라고 응답한 항목에 해당하는 내용을 아래에 기입해 주십시오.

3. 직무능력 관련 사항(NCS 내 환경분석 내 자격현황 참고)

- 자격은 직무와 관련된 자격을 의미합니다. 코드를 확인하여 해당 자격증을 정확히 기입해 주십시오.

A. 국가기술자격	B. 개별법에 의한 전문자격
C. 국가공인 민간자격	D. 기타 자격

- 위의 자격목록에 제시된 자격증 중에서 보유하고 있는 자격증을 아래에 기입해 주십시오.

코드		코드	
발급기관		발급기관	
취득일자		취득일자	

4. 경력사항

- 경력은 금전적 보수를 받고 일정기간 동안 일했던 이력을 의미합니다.
  아래의 질문에 대하여 해당되는 내용을 기입해 주십시오.

＊ 기업조직에 소속되어 [**경영기획** (능력단위①)] 관련 업무를 수행한 경험이 있습니까?　　예( ) 아니오( )

＊ 기업조직에 소속되어 [**경영평가** (능력단위②)] 관련 업무를 수행한 경험이 있습니까?　　예( ) 아니오( )

＊ 기업조직에 소속되어 [**홍보** (능력단위③)] 관련 업무를 수행한 경험이 있습니까?　　예( ) 아니오( )

- '예'라고 응답한 항목에 해당하는 내용을 아래에 기입해 주십시오.

근무기간	기관명	직위/역할	담당업무

- 그 외, 경력사항은 아래에 기입해 주십시오.

근무기간	기관명	직위/역할	담당업무

- 자세한 경력사항은 경력기술서에 작성해 주시기 바랍니다.

5. 직무관련 기타 활동

- 직무관련 기타 활동은 직업 외적인(금전적 보수를 받지 않고 수행한) 활동을 의미하며, 산학, 팀 프로젝트, 연구회, 동아리/동호회, 온라인 커뮤니티, 재능기부 활동 등이 포함될 수 있습니다. 아래의 질문에 대하여 해당되는 내용을 기입해 주십시오.

＊ 기업조직에 소속되어 [**경영기획** (능력단위①)] 관련 업무를 수행한 경험이 있습니까?　　예( ) 아니오( )

＊ 기업조직에 소속되어 [**경영평가** (능력단위②)] 관련 업무를 수행한 경험이 있습니까?　　예( ) 아니오( )

＊ 기업조직에 소속되어 [**홍보** (능력단위③)] 관련 업무를 수행한 경험이 있습니까?　　예( ) 아니오( )

- '예'라고 응답한 항목에 해당하는 내용을 아래에 기입해 주십시오.

활동기간	소속조직	주요 역할	주요 활동업무

- 자세한 직무관련 기타 활동사항은 경험기술서에 작성해 주시기 바랍니다.

위 사항은 사실과 다름이 없음을 확인합니다.

4. 직무능력소개서

직무능력소개서는 입사지원서에서 작성한 경력 및 경험사항을 구체적으로 소개하는 용도의 양식이다. 그중 경력기술서는 실제 급여를 받고 일한 경력에 대해 기술하는 것이고, 경험기술서는 경력에 해당하지 않지만, 가족 프로젝트, 동아리, 연구실 활동, 사회봉사활동 등의 경험들 중에 본인의 직무수행에 도움이 될 것이라고 판단하는 경험에 대해 작성하는 것이다.

● 일부가 아닌 전체에 대해 작성한다. 예를 들어 3개월간 인턴 경력을 갖고 있다면, 인턴기간 중 특정한 업무나 특이한 상황을 골라 일반자소서를 쓰듯이 기술해서는 안 되며, 인턴 기간 전반에 걸쳐 주로 무슨 역할을 맡았고, 주로 어떤 업무들을 수행했으며, 그 결과가 무엇이었는지를 기술해야 한다.

● 최대한 간결하고 건조하게 작성한다. 본인이 입증할 수 있는 객관적 사실 위주로 작성하고, 최대한 간결하고 건조한 문체를 동원하는 게 좋다.

경력 기술서

회사명	○○○ 주식회사	사업내용	의약품 제조, 판매
종업원 수	000명	연매출	0000억원(00연도)
재직기간	2000년 0월 ~ 2000년 0월(0년 0개월)		

직무내용

■ 2000년 0월
○○○주식회사 입사, ○○지점 영업3팀 발령
로컬, 세미를 대상으로 순환기, 소화기, 항생 등의 제품 신규개척 영업
　– [담당지역] ○○시 ○○지역 전역과 주변지역
　– [거래처] 인수 : 30% 신규개척 : 70%
　– [신규계약 건수] 월 평균 8건

■ 2000년 0월
본사 영업1팀으로 발령
세미, 종병을 대상으로 순환기, 소화기, 항생, 수역 등의 제품 신규개척 영업
　– [담당지역] ○○시 ○○구, ○○시 ○○구, ○○시 ○○구, 전역과 주변지역
　– [거래처] 인수 : 50%, 신규개척 : 50%
　– [신규계약 건수] 월 평균 15건(본사 내 사원 순위 50명 중 3위)
　– [계약금액] 000만원

■ 2000년 0월
본사 영업1팀장으로 승진

■ 2000년 0월
일신상의 사유로 퇴직

영업신조	- 고객으로부터 거절당했다고 낙담하지 마라. 거절당한 순간 영업은 시작된다. - 아직 판매가 이루어지지 않았다면, 판매가 성사될 때까지 고객을 외면하지 마라. - 판매 전과 판매 후의 태도를 똑같이 하라. - 오늘 1달러의 상품을 구매한 고객이 내일은 회사와 나를 반석 위에 올려놓은 가장 큰 공신이 될 수 있다.

5. NCS 자기소개서

기존에는 일반적인 항목(성장과정, 성격의 장단점, 지원 동기, 입사 후 포부 등)으로 구성되어 있었던 것에 비해, NCS 도입 이후에는 경험과 경력 중심의 항목으로 변화되었다. 지원 동기는 조직과 직무에 대한 지원 동기로 구분하여 구체적으로 물어본다. 뿐만 아니라 조직에 적합한 사람인지를 각 기업별 핵심가치와 인재상을 바탕으로 물어본다. 또한 직업기초능력 10가지에 대한 각각의 구체적 사례를 중심으로 기술하도록 되어 있다.

6. 자기소개서 작성법

- 평가기준에 최대한 부합하는 매력적인 소재를 찾는다.
- 어떤 경험에 대해 압축적이면서도 임팩트 있는 글을 쓰려면 STAR프레임워크를 활용하여 스토리라인을 구성하는 게 좋다.
- 자신의 행동에 대해 기술할 때는 합리적이고, 타당한 의도나 목적을 가지고 취한 행동임을 드러내야 한다. 또한 추상적인 표현보다는 최대한 구체적으로 묘사해야 한다.

STAR프레임워크 구조

구조	설명	예시
상황(Situation)	경험의 계기 및 전반적인 상황	～ 한 상황이었습니다.
과제(Task)	수행해야 할 과제 및 목표	～ 을 해야 했습니다.(또는) ～ 을 목표로 설정했습니다.
행동(Action)	본인의 구체적인 행동 및 과정	～ 을 하였습니다. ～ 한 방식으로 하였습니다.
결과(Result)	결과(성과) 및 배운 점/느낀 점	～ 한 성과를 이루었습니다. ～ 을 배웠습니다./느꼈습니다.

PART
11

면접 유형별 이해와 준비

면접 유형별 이해와 준비

면접이란 면접자와 지원자가 얼굴을 맞대고 상호작용 또는 의사소통을 하는 과정이며, 이 과정에서 대화와 관찰을 통해 상대방으로부터 필요한 정보를 탐색하고 평가하는 과정이다. 면접은 지원자를 직접 마주 보고 진행되기 때문에 서류전형, 필기시험 등 다른 선발도구가 갖지 못하는 시각적, 청각적 효과를 제공함과 동시에 지원 서류의 검토에서 판단하기 어려운 사항이나 의심스러운 부분을 직접 확인할 수 있는 기회를 제공한다. 그러므로 면접은 최근 채용과정에서 서류전형, 필기시험 등의 방법보다 더욱 중요시될 수밖에 없다.

1. PT면접

PT면접은 한 주제를 가지고 주어진 시간 안에 발표준비를 하고 면접관들 앞에서 발표와 질의응답의 과정을 거치는 면접유형이다. 이를 통해 면접관은 지원자의 주어진 주제에 대한 논리적 사고, 문제해결능력, 의사소통능력뿐 아니라 직무별 기초지식, 기술에 대한 이해도 및 업무수행능력 등을 함께 평가한다.

PT면접 공략법

PT면접의 과제유형은 시사상식, 기업이나 직무관련 지식 등을 주제로 지원자의 의견이나 생각을 정리하는 유형과 주어진 자료나 정보 등을 분석하고 문제에 대한 해결방안을 구상하는 유형이 있다.

유형별 주제를 논리적으로 구성하는 방법은 바로 서론, 본론, 결론의 3단 구성법이다.

먼저 서론은 면접관의 집중을 이끌어낼 수 있는 주제에 대한 문제점, 현황, 이슈, 배경 등을 간략히 제시한다. 본론에서는 주제에 대한 원인을 분석하고 2~3가지 정도의 해결방안을 제시한다.

마지막 결론은 전체적인 내용을 간략히 정리한 후 해당 방안을 실행했을 경우의 긍정적 기대효과를 제시하고 자신의 포부를 전달하며 발표를 마무리한다.

① 평상시 대화보다 크고 힘있는 목소리로 발표한다.

② 말의 속도는 긴장하면 빨라질 수 있으므로 여유를 가지고 적당한 속도를 유지할 수 있도록 한다.

③ 중요한 핵심은 톤을 높여 강조하며 말끝이 흐려지지 않도록 문장의 끝까지 힘있게 말한다.

④ '아마도', '잘은 모르겠지만'과 같은 모호하고 확신 없는 말은 면접관에게 자신감 없는 이미지를 줄 수 있으므로 삼간다.

⑤ 발표자료보다는 면접관들에게 시선을 골고루 주며 소통한다.

⑥ 발표 시 등과 어깨를 곧게 편 바른자세를 유지하며 발표 중간에 강조할 부분이나 내용에 알맞은 적절한 제스처를 취한다.

2. 토론면접

토론면접은 일반적으로 4~8명의 지원자를 두 개 조로 분류하여 주어진 주제를 가지고 정해진 시간 안에 토론하는 면접유형이다. 토론면접 과제유형은 찬반토론형과 토의형으로 구분할 수 있다. 찬반토론형 과제는 적절한 논리와 근거로 상대방을 설득하는 것이 목적인 반면, 토의형 과제는 상호 협의를 통해 보다 나은 대안을 찾아내는 게 목적이라고 할 수 있다. 무엇보다 토론면접에서는 상대방의 의견을 최대한 존중하면서 논리적으로 답변을 준비하는 것이 중요하다. 또한 상대방의 의견도 잘 경청하고 배려하는 태도를 보이는 것이 필요하다.

토론면접 공략법

토론면접은 자신의 의견을 주장해나가는 과정 속에서도 상대방을 배려하는 태도와 화법이 중요하다.

① 본인의 주장을 밝힐 때는 항상 두괄식으로 발언한다. 자신의 주장을 먼저 이야기하고, 그에 대한 타당한 근거를 제시한다.

② 상대방의 의견을 경청하는 것은 기본이다. 상대방이 발언할 때 주요 내용을 메모하며, 공감이 가는 발언에 대해서는 고개를 끄덕이는 등의 모습을 보인다.

③ 상대방의 주장을 공격할 때에는 Yes-But화법을 활용한다. 상대방의 주장이나 의견에 먼저 공감을 표시한 후 본인의 의견을 제시하는 것이다. "네, 의견 잘들었습니다. 그런데 저는 다른 생각을 갖고 있습니다.'와 같은 화법은 면접관들에게 상대방을 존중하면서도 주관과 의견이 뚜렷한 지원자라는 인식을 줄 수 있다.

④ 상대방의 공격이나 반박에 대해 즉각적이고 감정적인 반응을 자제한다. 상대방의 의견에 대해 존중을 표시한 후 상대방이 오해한 부분에 대해

서는 핵심내용을 부연 설명해 준다. 또한 상대방의 공격이 합리적이라면 수용하는 태도를 보여야 한다.

3. 임원면접

임원면접은 지원자의 압박감이 많은 면접이다. 실무진 면접보다도 첫인상이 주는 이미지에 대한 점수화가 더 큰 경향이 있다. 전공지식이나 지원자의 역량을 평가하기보다는 지원자의 인성과 가치관에 더 초점이 맞추어져 있다. 조직에 잘 적응할 수 있는지, 성실하고 꾸준하게 장기근무를 할 수 있는지, 지원한 회사에 정말로 애착이 있는지를 평가할 것이다. 정중하고 겸손한 태도로 호감 가는 인상을 주도록 한다.

4. 인성면접

인성면접은 직장인으로서 갖추어야 할 기본적인 인성을 갖추고 있는지와 지원자가 해당 회사의 핵심가치에 얼마나 부합하는지 등을 평가하는 면접이다. 일반적으로 보편적인 인성과 해당 회사의 핵심가치 보유 여부에 대해 직접적으로 묻거나, 특정 가치가 발휘된 과거 경험이나 가상 상황에서 예상 행동을 통해 파악하는 질문들이 주로 나온다.

5. 압박면접

압박면접은 일부러 지원자를 난처하게 유도하여 지원자의 순발력이나 상황 대처능력을 보려고 하는 면접이다. 지원자가 가장 난감한 면접 순간이 바로 압박면접이다. 정확하고 객관적으로 지원자의 행동과 내면에 보유한 역량을 추론한다는 점에서 압박면접은 의미가 있다.

지원자를 압박하는 질문에 대해서는 YES-BUT화법을 사용한다. 자신의 약점을 감추기보다는 먼저 인정하고 이에 대한 보완사항을 제시하며 반론하는 것이 좋다.

6. 블라인드 면접

블라인드 면접은 말 그대로 면접 내에서 이력서의 내용이 Blind되어 하나도 반영되지 않는 방식이다. 선입견을 배제하기 위하여 지원자의 정보(학력, 가족, 본적 등)를 보지 않는 면접이다.

과거 스펙만 보고 뽑은 인재들이 문제점을 가지고 있었기 때문에 시행된 면접 유형으로 지원자의 기본 스펙보다는 입사지원자의 마음가짐을 더 중요한 기준으로 삼고 자신이 어떻게 회사에 기여할 것인가를 설명하는 것이 중요하다.

7. 실무면접

실무면접은 직무면접이라고도 불리며 실제 업무수행에 필요한 능력, 즉 직무역량을 갖추었는지를 평가하는 면접이다. 본인이 지원한 직무와 관련된 부서의 팀장, 부서장이 면접관으로 참여하게 된다.

주로 공통적으로 요구되는 기본적인 업무능력 및 지원한 특정 직무를 수행하는 데 필요한 능력들에 대해 평가한다. 보편적으로 논리적인 사고, 문제해결능력, 창의력, 분석력, 커뮤니케이션 능력 등이 이에 해당한다.

8. 상황면접

상황면접은 직업기초능력과 관련된 상황을 주고 이를 추가질문의 형태로 물어보는 방식으로 진행된다. 지원자가 향후 업무상황에서 '어떻게 행동할 것인가?'를 평가하는 경험면접과 마찬가지로 행동에 대한 평가를 볼 수 있다. 상황면접은 크게 윤리상황, 조직상황, 고객상황의 3가지 유형으로 나뉜다. 윤리적 상황에서는 항상 올바른 것을 지키고자 노력하는 일관성이 중요하다. 또한 조직과 관련된 상황에서는 상사, 동료, 회사의 입장을 고려한 역지사지의 태도를 보여준다. 고객 또는 민원과 관련된 상황에서는 고객의 입장을 고려한 행동과 원칙에 따라 행동하는 모습을 보여주는 것이 좋다.

9. AI면접

AI면접은 사람이 아닌 AI가 빅데이터에 따라 지원자의 역량을 평가하는 방식이다. 지원자가 자기소개 및 질문에 대한 답변을 한 동영상을 바탕으로 AI가 지원자의 표정 변화, 목소리 톤 등 비언어적인 요소를 분석해 점수화한다. 기존의 대면면접에서는 인재 선발 시 채용자의 주관적 판단 개입이 불가피했지만 AI면접은 뇌신경과학 기반으로 추출된 역량을 기본으로 기업 문화와 직무적합도 확인에 더 큰 비중을 두는 인재 선발 도구이다.

AI면접은 크게 5STEP으로 구성되어 있다. 필수질문, 탐색질문(인성검사), 상황제시형 질문, 게임, 심층구조화 질문(개인맞춤형 질문) 순이다. 어떻게 보면 질문의 유형이 다양하여 복잡해 보일 수 있지만 크게 면접과 인적성을 한번에 본다고 생각하면 이해가 쉽다.

AI면접 공략법

AI면접의 준비과정은 본질적으로 대면면접의 준비과정과 동일하다. 논리적인 답변을 구사하고, 목소리, 어조, 표정을 적절하게 구사한다.

- 면접시간이 길게는 90분까지도 소요되므로 장시간 집중할 수 있고 주변의 방해를 받지 않는 조용한 공간을 이용한다. 또한 면접 도중 와이파이 신호가 약하거나 중간에 끊김이 발생할 수 있으므로 인터넷 환경도 꼭 체크한다.
- 면접 복장은 정장까지는 아니더라도 셔츠나 블라우스 정도의 단정한

옷차림과 헤어스타일을 연출한다.

● 카메라 렌즈 혹은 모니터가 면접관이라 생각하고 시선을 두며 자연스럽게 대화하듯이 진행한다.

● 호감 주는 미소를 지으며 말한다. 평상시 거울을 보면서 미소 지으며 말하는 훈련을 꾸준히 한다.

● 크고 명료한 발음으로 체계적인 답변을 한다. 특히 말끝을 흐리는 말투는 자신감이 결여되어 보이므로 끝까지 힘주어 말한다.

10. 면접단계별 주요 평가요소

면접단계	면접관	주요 평가요소	면접유형	YES
1차	실무진	역량 적합성	공통 역량	• 개별면접 • 집단(토론)면접 • 프레젠테이션 면접 • 영어 면접
			직무역량	
			리더십 역량	
2차	임원진	조직 적합성	인성 (인격, 성격, 예의범절)	• 개별면접 • 집단면접
			비전 (지원 동기, 입사 후 포부)	
			가치관 (생활신조)	

PART
12

면접 이미지메이킹

면접 이미지메이킹

미국의 심리학자 앨버트 메러비안에 의하면 이미지를 구성하는 요소로 시각적 요소가 55%, 청각적 요소가 38%, 내용적 요소가 7%를 차지한다고 한다. 특히 면접은 면접관과의 첫만남이기 때문에 첫인상이 중요하다. 첫인상의 초두효과라는 것이 있다. 처음에 제시된 정보가 나중에 제시된 정보보다 강력한 영향을 미치는 현상이다. 모 취업포털 사이트에서 인사담당자를 상대로 설문조사를 실시한 결과 인사담당자의 절반이 면접 시 지원자의 첫인상을 결정하는 것은 '2분 이내'이고 첫인상을 결정짓는 가장 큰 요인은 바로 시각적 요소인 태도와 자세를 꼽았다고 한다. 이처럼 짧은 시간에 면접관에게 호감을 줄 수 있는 최상의 이미지를 만들어보자.

1. 시각적 이미지

복장 이미지메이킹

취업의 최종 관문인 면접에서의 이미지는 첫인상을 판단하는 중요한 기준이 된다. 짧은 시간 안에 자신의 능력과 비전, 자신감을 보여야 하며 지원회사와 어울리는 인상을 주는 것이 중요하다.

(1) 여성의 이미지 연출법

메이크업 스타일

- 과도한 색조화장보다는 기초화장으로 피부를 생기 있고 촉촉하게 정리한다.
- 울긋불긋한 피부색과 지속력을 높이기 위해 베이스로 보정한다.
- 파운데이션은 맑고 투명한 피부가 될 수 있도록 두껍게 바르지 않는다. 또한 얼굴과 목의 색이 확연히 차이나지 않도록 목부분도 자연스럽게 발라준다.
- 눈썹은 모발 색상이나 눈동자 색과 동일 계열 색상으로 자연스럽게 그린다.
- 눈화장은 화장의 핵심이다. 면접관들이 가장 먼저 보는 곳이 눈이기 때문에 짙은 화장보다는 눈매가 또렷해 보일 수 있게 한다. 아이섀도는 정장과 어울리는 색상을 선택한다.
- 아이라인은 검은색 아이펜슬이나 액체 아이라이너로 자연스럽고 얇게 그린다.
- 가벼운 볼터치로 생기와 혈색을 주며 립스틱은 너무 진하지 않은 중간 색상을 칠한다.

① 헤어스타일

- 지적이면서 깔끔한 이미지로 보이는 헤어스타일을 연출하는 것이 좋다. 생머리, 단발, 세미커트 스타일이 단정해 보인다.
- 긴 머리는 귀 뒤로 머리를 넘겨 핀으로 고정하거나 뒤로 묶어서 귀와 이마가 환하게 드러나는 스타일이 좋다.
- 헤어컬러는 자연 갈색이 무난하고 과도한 염색이나 파마, 유행하는 헤어스타일은 피하는 것이 좋다.

② 패션 스타일

- 단정하고 심플한 투피스 정장이나 캐리어우먼 이미지를 나타낼 수 있는 바지 정장은 활동적이고 당당한 이미지를 준다.
- 정장 컬러는 전통적이고 보수적인 느낌의 블랙, 네이비나 온화함과 유연한 이미지의 베이지도 좋다.
- 이너웨어는 블라우스나 셔츠, 톱(top)이 좋으며 화이트, 아이보리 색상이 단정해 보인다.
- 스커트는 무릎을 살짝 덮거나 무릎 약간 위 길이가 적당하다. 너무 타이트하거나 미니스커트, 앞트임이나 옆트임이 있는 것은 피한다.
- 바지 정장은 일자 정장 바지가 좋고, 가급적 상의 색상과 동일한 컬러가 적합하다.

- 스트라이프가 들어간 팬츠는 다리가 길어 보이고 날씬해 보이는 효과도 있다.
- 스타킹은 피부색과 동일 색상을 신고 예비 스타킹을 소지해야 한다.
- 구두는 심플한 디자인으로 굽은 5~7cm 정도의 펌프스를 신는다. 발가락이 보이거나 뒤트임이 있고 스트랩이 많은 디자인은 피한다.
- 액세서리는 전체 세 개를 넘지 않는 범위에서 선택한다. 귀걸이는 부착형이 깔끔하고 세련된 인상을 주며 모양이 크거나 시선을 분산시키는 디자인의 액세서리는 피한다.

(2) 남성의 이미지 연출

면접에서 단정한 헤어스타일과 옷차림은 면접관에게 신뢰감을 줄 뿐만 아니라 외적 이미지 연출은 면접의 기본 자세이다. 면접 시 남성복의 수트나 셔츠, 넥타이 및 구두는 남성 트렌드에 맞고 실루엣을 맵시 있게 연출하여 호감 가는 이미지가 되도록 한다.

① 헤어스타일

- 짧은 헤어스타일로 깔끔한 이미지 연출
- 면접 2~3일 전에 머리 길이를 다듬고 당일에는 젤이나 왁스로 단정하게 연출한다.
- 헤어 컬러는 검은색이 무난하나 짙은 갈색은 부드러우면서도 세련된 이미지를 준다.

② 메이크업

- 피부 톤 정리를 위해 메이크업한 티가 나지 않도록 자연스럽게 파운데이션을 바른다.

- 남성의 메이크업 중 가장 효과를 발휘하는 것은 눈썹 정리다. 눈썹이 짙은 사람은 강한 인상을 주기도 하고 눈썹이 거의 없는 사람은 흐릿한 인상으로 주목받지 못하기도 한다. 얼굴에 맞는 눈썹을 정리하여 또렷한 인상을 주자.

③ 패션 스타일

A. 수트
- 신뢰감을 주는 네이비 블루색상의 투버튼 수트가 무난하다.
- 무엇보다 사이즈에 신경을 쓴다. 재킷이 너무 크면 둔해 보일 수 있고 너무 타이트하고 슬림하면 가벼워 보일 수 있다.
- 정장의 소재는 광택이 나는 것을 피하도록 한다.
- 면접을 위해 구입한 정장은 면접 당일 자연스러운 느낌을 줄 수 있도록 3~4번 미리 입어 익숙해지도록 한다.

B. 셔츠
- 흰색이나 재킷과 같은 계열로 밝은 톤의 셔츠, 하얀 피부에는 아이보리나 크림색 셔츠
- 피부가 어두운 경우는 아이보리 셔츠나 하늘색 셔츠가 잘 어울린다.

C. 넥타이
- 면접용 넥타이는 무늬가 크고 화려하지 않은 것이 좋다. 스트라이프, 솔리드, 도트가 적당하다.
- 혼방 소재보다는 실크 등의 고급소재를 선택한다. V존이 면접자의 이미지를 결정하므로 넥타이만큼은 가격이 다소 비싸더라도 조금 무리해도 좋다.

- 흰색 셔츠를 입었다면 푸른색이나 붉은색 계통으로 포인트를 주는 것이 좋다.
- 넥타이 폭은 7~9cm 정도가 적당하며, 너무 폭이 좁은 것은 피하도록 한다.

D. 벨트
무광택의 검은 가죽벨트가 무난하다.

E. 구두
- 구두는 벨트색과 마찬가지로 검은색 레이스 업이 단정하다.
- 새로 구입한 구두라면 면접 전에 미리 신어보고 익숙해진다.
- 구두는 깨끗하게 손질하여 신는다.

F. 양말
- 양말을 선택하는 원칙은 수트의 컬러이다. 검은 수트에는 검은 양말을, 네이비 수트에는 네이비 양말을 신는다.
- 바지나 구두 컬러와 같은 계열의 양말을 선택한다.
- 수트에는 반드시 입고 있는 옷보다 한 톤 어두운 양말을 선택한다.
- 양말은 종아리 중간까지 오는 길이로 맨살이 드러나면 안 된다.

2. 행동적 이미지

면접 자세

① 대기 자세

- 최소 30분에서 1시간 정도 미리 면접장에 도착하여 대기한다.
- 가능한 긍정적인 마인드 컨트롤을 하며 밝은 미소와 바른 자세로 조용히 대기한다.
- 입실 사인을 주면 가볍게 노크를 2번 정도 하고 입실한다.
- 문을 열고 들어가는 순간부터 면접은 시작된다. 자신감 있는 걸음걸이로 고개를 들어야 한다.

② 입실 자세

- 입실 후 면접관들에게 미소를 띠며 가볍게 목례한다.
- 목과 허리를 곧게 세운 바른 자세와 밝은 미소를 지으며 면접관 앞으로 걸어간다.

③ 면접자세

- 면접관 앞에 서면 "안녕하십니까?"(상황에 맞게 수험번호나 이름을 덧붙인다.)라고 인사한 후 허리를 45도 굽히는 정중례로 정중하게 인사한다. 이때 상체를 숙인 후 1~2초 정도 멈춘 뒤 천천히 들며 예의를 갖춘다.
- 면접관이 "자리에 앉으세요."라고 하면 "감사합니다."라는 멘트와 함께 자리에 앉도록 한다. 앉을 때 등받이에 기대지 말고 주먹 하나 정도의 여유를 두고 허리를 꼿꼿하게 세운 상태에서 의자 깊숙이 앉는다.
- 면접답변 시 열정적이고 따뜻한 눈빛으로 면접관을 바라본다. 면접관의 눈을 마주보기가 부담스럽다면 미간과 콧잔등을 자연스럽게 번갈

아 본다.

- 밝은 표정을 유지하되 지원 동기, 입사 후 포부에 답하는 경우는 좀 더 진중한 표정이 신뢰도를 높일 수 있다.
- 자신감 있는 목소리는 면접에서 분위기를 좋게 하고, 나에 대한 긍정적인 이미지를 심어줄 수 있는 중요한 요소이다.
- 솔직하고 자신감 있는 태도를 유지한다.
- 불필요한 습관성 행동을 하지 않는다.
- 다른 지원자들의 답변 시 경청의 자세를 취한다.

면접 선 자세

헤어
– 이마가 보이는 헤어스타일

표정
– 미소 지을 때
– 질문받을 때

밝은 표정, 긍정적인 표정
자신감이 느껴지는 표정

복장
– 단정한 정장차림

헤어
– 단정한 헤어스타일

메이크업
– 화사하면서도 장점만 살짝 강조한 메이크업

표정
– 미소 지을 때
– 질문받을 때

밝은 표정, 긍정적인 표정
자신감이 느껴지는 표정

복장
– 단정한 정장차림

면접 앉은 자세

면접 인사자세

면접 시 시선처리 훈련

1. **먼저 질문한 면접관을 보고 답변을 시작한다.**
   네, 저는 루스벨트 대통령을 가장 존경합니다.
   첫 번째 이유는 신체적 장애에 굴복하지 않은 의지 때문입니다.
2. **왼쪽 면접관에게 시선을 돌린다.**
   두 번째는 사회보장에 대한 신념 때문입니다.
3. **오른쪽 면접관에게 시선을 돌린다.**
   마지막은 상대방을 존중하는 태도입니다.
4. **마지막 문장은 질문한 면접관을 본다.**
   저도 루스벨트 대통령처럼 공직자로서의 신념과 불굴의 의지, 따뜻한 마음을
   두루 갖춘 사람이 되기 위해 노력하겠습니다.

④ **퇴실 자세**

- 면접관이 "수고하셨습니다."라는 멘트를 하면 의자에서 조용히 일어나 의자의 오른쪽이나 왼쪽에 선다. "감사합니다."라고 인사말을 한 후 45도 정중례로 인사한다.
- 몸을 돌려 문 쪽으로 이동한다. 문앞에서 면접관 쪽을 보며 목례한다.
- 목례를 마쳤으면 문을 열고 퇴장하면서 문을 조용히 닫는다. 끝까지 당당하고 자신감 있는 모습으로 최선을 다한다.

파워 포즈로 자신감을 만들자

미국의 하버드대 경영대학원 교수이자 심리학자인 에이미 커디 교수는 지난 2012년 TED에서 '당신의 신체언어가 자신의 모습을 결정한다.'는 주제로 강연했다. 커디 교수는 실험을 통해 어깨를 쫙 펴고 허리를 꼿꼿이 세우는 이른바 '파워 포즈'를 하면 기억력과 자신감을 높여주는 호르몬인 테스토스테론이 20% 증가하고 불안감을 유발하는 코르티솔이 25%나 감소한다고 했다. 또한 면접 시에도 파워 포즈 자세를 한 사람들이 면접에 통과할 확률이 20% 이상 높았다고 한다.

이처럼 당당하고 자신감 있는 자세를 취하면 실제 자신감이 생긴다는 실험이다. 면접 시 불안하고 초조하다면 원더우먼포즈를 취해보자. 당신은 당신이 생각하는 것보다 더 큰 잠재력을 가지고 있다는 걸 기억하세요.

3. 청각적 이미지

좋은 목소리는 호감 가는 이미지를 형성할 뿐만 아니라 또렷한 발음과 울림 있는 발성은 말의 내용을 분명하게 전달할 수 있다. 특히 면접에서 크고 또렷한 목소리로 답변한다면 면접관에게 자신감 있고 확신에 찬 이미지로 비쳐질 수 있다.

좋은 목소리를 만드는 안정된 호흡과 울림 있는 발성, 정확한 발음, 생동감 있는 강조법을 훈련해보자.

〈목소리 이미지메이킹〉

- 안정감 있는 목소리 훈련 호흡

먼저 안정감 있는 목소리를 만들기 위해서는 풍성한 호흡을 갖추어야 한다. 목소리 훈련의 기본이자 기초체력이기도 한 복식호흡훈련이 필요하다. 우리는 평상시에 호흡은 얕은 호흡인 흉식호흡을 한다. 하지만 복식호흡을 하면 호흡량이 30%나 증가하여 한 호흡으로 안정감 있게 말할 수 있다. 특히 평소에 말끝을 흐리는 습관이 있다면 이는 면접관에게 답변에 대한 확신이 없어 보이고 자신감 없는 이미지로 보일 수 있으므로 복식호흡훈련이 더욱 필요하다. 또한 면접 시작 전 7-7-7복식호흡(7초 들이마시고, 7초 숨을 참고, 7초 내쉬기를 여러 차례 반복한다.)을 하면 면접의 긴장감을 해소할 수 있다.

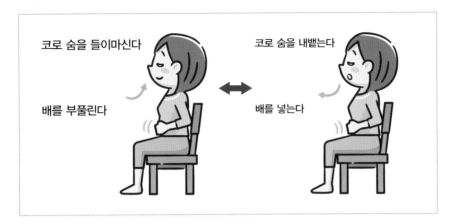

- 2초간 들이마시고 4초간 내쉬기
- 4초간 들이마시고 8초간 내쉬기
- 4초간 들이마시고 4초간 호흡 멈추기 다시 4초간 내쉬기

- 울림 있는 목소리 훈련 발성

발성이란 날숨에 의해 성대를 진동시켜 소리를 내는 것이다. 소리를 잘 내기 위해서는 발성하기 좋은 입모양을 갖추어야 한다. 하품할 때와 같이 입을 크게 버리고 최대한 발성에 방해가 가지 않도록 혓바닥은 아래에 둔다. 상체를 이완시키며 복식호흡을 한 후 목에 힘을 주지 않고(하품할 때 나오는 자연스러운 소리) 아~~ 하고 소리를 낸다. 이때 손을 배에 대고 들이마시며 소리가 나올 때의 느낌을 익혀보자.

아 ~~~ 발성 5초

아 ~~~ 발성 10초

아 ~~~ 발성 15초

아 ~~~ 발성 20초

> **스타카토 발성**
>
> 스타카토 발성은 힘있는 목소리를 만드는 효과적인 훈련이다.
> 예를 들어 눈앞에 촛불이 있다고 상상하고, 이 촛불을 짧고 강한 호흡으로 끈다고
> 상상해 본다. 아마 복근이 짧게 수축하는 것을 느낄 수 있을 것이다. 이렇게 배를
> 짧게 수축시키면서 발성하는 방법이다.(예시 : 아, 에, 이, 오, 우)

- 또렷한 목소리 훈련 발음

또렷한 발음을 하기 위해서는 먼저 조음기관인 혀, 입술, 볼, 턱을 부지런히 움직여야 한다. 특히 자음은 입안의 혀의 위치(정확한 조음점)와 모음의 입모양이 중요한데 입을 크게 벌려 모음을 최대한 정확하게 하는 것만으로 명확한 발음으로 전달력을 높일 수 있다. 평소 신문기사 등을 발음 하나하나 신경 써가며 소리내어 읽어보자. 목소리 훈련과 함께 시사상식도 덤으로 공부할 수 있다.

- 모음의 입 모양

〈아〉   〈애〉   〈에〉

〈이〉   〈오〉   〈우〉

- 발음연습표

가	갸	거	겨	고	교	구	규	그	기
나	냐	너	녀	노	뇨	누	뉴	느	니
다	댜	더	뎌	도	됴	두	듀	드	디
라	랴	러	려	로	료	루	류	르	리
마	먀	머	며	모	묘	무	뮤	므	미
바	뱌	버	벼	보	뵤	부	뷰	브	비
사	샤	서	셔	소	쇼	수	슈	스	시
아	야	어	여	오	요	우	유	으	이
자	쟈	저	져	조	죠	주	쥬	즈	지
차	챠	처	쳐	초	쵸	추	츄	츠	치
카	캬	커	켜	코	쿄	쿠	큐	크	키
타	탸	터	텨	토	툐	투	튜	트	티
파	퍄	퍼	펴	포	표	푸	퓨	프	피
하	햐	허	혀	호	효	후	휴	흐	히

- 생동감 있는 강조하기

- 높임 강조 : 중요한 단어는 한 음을 높여서 크게 말한다.

- 천천히 강조 : 인명, 지명, 숫자, 연대, 문장에서 어려운 내용은 천천히 또박또박 말한다.

- 포즈 강조 : 중요한 단어 앞에서는 한 호흡 쉬고 말한다.

면접 보이스 트레이닝 연습

예시 문장

안녕하십니까? 지원자 OOO입니다.

저는 IT직무에 적합한 세 가지 역량을 갖추었습니다.

첫째, 설계 능력입니다.

둘째, 운영 능력입니다.

셋째, 개선 능력입니다.

연습방법

1. 의미 단위로 끊는다.
2. 모음만 읽는다.(예를 들어 안녕하십니까?는 ㅏㅕㅏㅣㅣㅏ)
3. 한 호흡에 한 음절씩 스타카토 발성을 한다.
4. 중요한 단어에 적절한 강조하기를 활용해서 읽는다.

---

4. 면접 스피치

- 자기소개서에 쓴 내용은 숙지한다. 면접관은 자기소개서에 기재된 내용을 토대로 질문한다. 자기소개서에 기재된 내용과 상반된 말을 하면 도덕성과 신뢰성에 큰 타격을 입는다.

- 면접관의 질문을 주의 깊게 듣고 질문의 핵심을 파악한다. 만약 질문을 이해하지 못했다면, "죄송하지만 다시 한 번 말씀해 주시겠습니까?"라고 정중하게 요청한다.

- 두괄식으로 간결하게 말한다. 면접관이 듣고 싶은 말을 먼저 하고 그 다음 이유를 설명하도록 한다.

- 답변은 30~40초 이내가 적당하다. 경험을 묻는 질문에서도 너무 장황하게 답변하기보다는 핵심적인 사건과 행동을 중심으로 답변한다.

- 첫째, 둘째, 셋째로 구조화한다. 이러한 방법은 답변하는 지원자가 정확한 전달을 할 수 있게 하고, 듣는 면접관이 내용을 보다 정확하게 이해할 수 있게 한다. 즉, 전달력을 높임으로써 면접관을 설득하는 방법이다.

- 말끝을 흐리지 말고 분명하게 답한다. 어미까지 끝까지 힘있고 정확하게 말한다.

- 지원자를 압박하는 질문에 대해서는 먼저 인정하고 반론하는 YES, BUT화법을 사용한다. 자신의 약점을 감추기보다는 먼저 인정하고 이에 대한 보완사항을 제시하며 반론하는 것이 좋다.

- 답을 모르는 질문을 받았을 경우에는 3~5초 정도 기다렸다가 "죄송합니다. 잘 모르겠습니다."라고 솔직하게 말한다. 그리고 "앞으로 그 부분에 대해 정확히 알도록 노력하겠습니다."와 같이 겸손하게 말하도록 한다.

- 솔직함과 진정성을 구분하라. 면접은 내가 하고 싶은 말을 하는 것도 있지만 면접관이 듣고 싶은 이야기를 해주는 것도 필요하다.

- 외우지 말고 자연스럽게 말하라. 일단 글로 쓴 답변을 여러 번 소리내어 읽으면서 내용의 흐름을 익힌다. 그리고 나서 머릿속에는 핵심 키워드만 암기해 두고 거기에 살을 붙여서 자연스럽게 말하는 연습을 한다.

PART

13

핵심 기출 면접 질문
답변요령

PART 13

핵심 기출 면접 질문 답변요령

1. 인성질문 유형

 Q. 1분 자기소개를 해보시오.

면접의 시작질문으로 지원자와 면접관의 거리감을 줄이는 용도이다. 지원자의 긴장감을 완화시키며 지원자의 첫인상을 결정짓기도 한다.

자신의 핵심 강점을 제시하고 그에 관한 근거를 1~2가지로 제시히고 간략한 입사 후 포부로 마무리한다.

> 안녕하십니까? 지원자 OOO입니다.
> 저는 IT직무에 필요한 3가지 역량을 갖추었습니다.
> 첫째, 설계 능력입니다.
> 컴퓨터공학을 전공하며 프로그래밍과 설계에 대한 지식을 바탕으로 개발한 OO프로그래밍으로 전국 OO공모전에서 최우수상을 수상하였습니다.
> 둘째, 운영 능력입니다.
> IT운영직무 인턴을 통해 실무에 필요한 운영을 배우며 '미스터 매뉴얼'이라는 별명을 들을 정도로 일처리를 꼼꼼하게 수행했습니다.

셋째, 어떤 일이든 끈기를 가지고 도전하는 점입니다.

교환학생 시절 모르는 부분이 있으면 도서관에서 밤을 새워서라도 알아내고 궁금한 점이 있으면 끊임없이 교수님을 찾아가 여쭤보고 문제를 해결해 나갔습니다.

그 결과 현지 원어민친구들을 제치고 석차 1등이라는 성과를 이뤄냈습니다.

이러한 경험을 바탕으로 끈기 있게 어떤 업무도 수행해 나가는 IT전문가가 되겠습니다.

Q. 자신의 성격의 장단점을 말해보시오.

성격의 장점은 지원한 회사의 핵심가치나 인재상 또는 지원 직무에서 요구되는 자질과 부합하는 장점을 선택한다. 또한 장점을 발휘해서 성과를 거둔 구체적인 경험을 제시해야 설득력이 높아진다. 반면 성격의 단점은 직무 분야에서 요구되는 자질과 무관하거나 노력을 통해 개선이 가능한 단점을 선택한다. 단점에 대한 근거를 제시할 필요는 없으나 단점을 극복하거나 개선하기 위한 구체적인 행동, 방법론이 제시되어야 한다.

저의 장점은 꼼꼼함입니다.

학창시절부터 현재까지 꾸준히 일기를 쓰고 있습니다. 이러한 습관으로 항상 일할 때 철저하게 계획을 세우는 편입니다. 대학시절 산업체 공동연구 프로젝트 수행 시 5개월간의 방대한 프로젝트 일정 계획관리 매뉴얼을 꼼꼼하게 챙겨 한 건의 누락이나 오류 없이 프로젝트를 성공적으로 완수했습니다.

반면 단점은 상대방의 부탁을 거절하지 못하는 편입니다. 그로 인해 간혹 제가 할 일에 지장이 생긴 적도 있도 있었습니다. 저는 상대방의 감정이 상하지 않도록 부드럽게 거절하는 방법으로 단점을 보완해 나가고 있습니다.

Q. 우리 회사에 왜 지원했나요?

지원 회사에 열정적으로 다닐 의지가 있는지를 파악하기 위한 질문이다. 단순히 회사의 특정한 점이 좋아서 지원했다는 식의 소극적인 지원동기보다 회사의 특징(비전, 전략 방향, 시장 내 위치, 조직문화) 중 하나가 지원자의 지향점과 연계된 적극적인 지원동기를 제시하는 것이 핵심이다.

저는 ○○사의 중국시장 교두보 마련에 주축이 되고 싶어 지원했습니다.

○○사는 30년에 걸쳐 국민에게 사랑받는 제품을 출시해왔습니다. 그러나 이미 내수시장은 포화상태고 기존의 타 기업들과의 경쟁구도가 치열한 상황입니다. 이를 극복하기 위해 해외시장 확대를 적극 추진 중이며 핵심 타깃시장인 중국시장의 안정적인 확보가 ○○사의 운명이 달려 있다고 해도 과언이 아닙니다. 저는 글로벌 시장 중 성장 잠재력이 풍부한 중국에서 사업을 추진하는 인재가 되기 위해 노력해왔습니다. 중국어를 전공하고 중국 교환학생 경험을 통해 사업의 기본이 되는 중국어를 능숙하게 구사할 수 있습니다. 또한 중국을 상대로 하는 무역회사의 인턴경험을 통해 중국과의 비즈니스를 직접 체험하였습니다. 저는 ○○사가 중국 국민들에게도 사랑받는 브랜드로 자리 잡는데 기여하고 싶습니다.

 Q. 존경하는 인물이 누구입니까?

존경하는 인물을 통해 지원자의 가치관과 성향을 간접적으로 파악하기 위한 질문이므로, 가급적 자신의 가치관, 평소의 생활신조에 부합하는 인물을 선정하고 존경하는 이유를 명확히 그려낸다.

제가 존경하는 인물은 고려 장수 서희입니다.

그분을 존경하는 첫 번째 이유는 죽음을 두려워하지 않는 당당한 태도입니다.

거란과 회담할 때 적장이 서희에게 절을 해서 예를 표할 것을 요구했지만, 생명의 위협을 받으면서도 자신은 다른 나라의 장수에게 굽힐 수 없다고 거절하였고 그 결과 고려의 위신을 세울 수 있었습니다.

두 번째는 지략입니다. 당시 송나라와 대립하고 있던 거란은 고려가 송과 단교하고 자신들과 결탁하길 요구했는데 서희는 단번에 응하지 않고 "국교를 맺기 위해서는 고려의 옛 땅을 열어 길을 연결해야 가능하다."며 도리어 조건을 내세워 관철시켰습니다. 이는 국익을 신장시킨 탁월한 외교적 성과였습니다.

저도 항상 서희와 같은 당당하고 대범한 태도와 훌륭한 지략을 갖춘 사람이 되고자 노력하고 있습니다.

💡 Q. 입사 후 포부는?

입사 후 지원 회사에 어떻게 기여할 것인지에 대해 '분야-위치-활약상'을 담은 목표를 제시한다. 입사 후 목표와 목표를 달성하기까지 단계별 자기개발의 포인트, 구체적인 방법이 담긴 답변을 제시한다.

> 상담 만족도 1등 고객 센터장이 되고 싶습니다.
> 먼저 고객들이 어떤 질문을 해도 막힘없이 답변할 수 있도록 상담관련 매뉴얼과 관련 규정을 확실하게 익히고, 상담 노하우를 개발하여 상담 만족도 1등 직원이 되겠습니다.
> 궁극적으로 고객 센터장이 되어 제가 맡은 고객센터를 전국 상담 만족도 1등 센터로 만들겠습니다.

2. 회사, 직무 질문 유형

💡Q. 우리 회사가 경쟁사 대비 갖고 있는 강점과 약점은 무엇이라고 생각하나요?

회사에 대한 질문은 지원자의 관심과 이해 수준을 파악하기 위한 질문이다. 지원한 회사가 속한 산업분야, 시장 내의 주요 경쟁사 현황 및 강약점 등을 사전에 파악해두고 단점의 보완에 대한 의견도 제시하면 효과적이다.

> A사의 가장 큰 강점은 저가 제품 위주의 경쟁사와 차별화되는 기술력입니다. 일반적으로 가격민감도가 높아 경쟁사와 유사한 가격대의 제품을 출시하는 게 일반적인 트렌드이지만 A사는 친환경 ○○바닥재를 개발하는 등 앞선 기술력을 바탕으로 친환경 바닥재 시장을 석권했습니다. 기술력의 우위는 시장에서 지속적인 경쟁우위를 가져다줄 수 있는 핵심요소라고 생각합니다.
> 다만 내수 중심의 매출구조를 가지고 있다는 점이 약점입니다. 경쟁사들은 내수시장의 성장둔화에 대비하여 일찍부터 해외시장 개척을 위해 노력해왔습니다. 국내시장은 성장이 정체되고 있기 때문에 A사도 시급하게 해외시장 진출을 모색해야 한다고 생각합니다.

💡Q. 본인이 지원한 직무에서 주로 어떤 일을 수행하는지 알고 있나요?

지원직무에 대한 직무기술서를 확인한 후 미리 답변 내용을 준비해두도록 한다. 먼저 지원직무가 담당하는 역할을 간단히 언급하고 핵심적인 업무내용을 3개 이내로 선정하여 답변하도록 한다.

> 해외 영업 담당자가 하는 일은 매우 다양합니다. 먼저 제품 판매를 담당하고 있기에 제품 특성을 이해하는 것은 기본입니다. 또한 협력 업체에서 가져온 부품들을 공장의 생산라인에서 조립한 다음, 주문과 기한에 맞게 생산되고 있는지 살펴보는 일과 물류창고에서 제품 수량을 파악하는 일, 전 라인에 걸친 사람들과의 소통도 중요합니다.

3. 경험질문 유형

 Q. 원활한 소통이 어려운 상황에서 적극적인 소통으로 긍정적인 결과를 가져온 사례가 있나요?(의사소통능력)

소통이 안 되는 원인을 분석하고 이를 해결하기 위해 적극적으로 나섰음을 보여준다. 상황을 해결하기 위한 본인만의 의사소통 노하우를 명확히 드러내도록 한다.

> 마케팅원론 수업 팀프로젝트에서 리더를 맡았던 경험이 있었습니다.
> 차별화기업별 조사와 발표를 진행하는 과정 중 팀원들이 개인적인 일이나 학과 공부를 핑계로 참여하지 않아 진행에 차질이 생겼습니다. 저는 팀원들을 각자 따로 만나 팀프로젝트의 중요성을 알리고 각자의 상황에 맞는 업무를 분담하였습니다. 그리고 단체톡을 만들어 팀원들과 수시로 진행상황을 보고하고 공유하였습니다. 그 결과 좋은 점수를 받으며 팀프로젝트를 성공적으로 수행할 수 있었습니다.

 Q. 갈등을 해결해 본 경험이 있는가? (대인관계능력)

지원자의 팀워크와 조직 헌신 노력을 가늠해보기 위한 질문이다. 갈등상황을 자신이 적극적, 주체적으로 해결하려 했던 경험일수록 적합하다. 자신의 희생을 감수하려는 자세, 팀을 위해 헌신하려는 자세를 부각시킬 수 있다면 더욱 효과적이다.

> 패스트푸드 아르바이트를 할 때 다음 근무자가 지각하는 경우가 잦았습니다.
> 몇 번이나 당부했음에도 불구하고 약속은 지켜지지 않고 저를 무시하는 것 같다는 생각에 화가 났습니다. 급기야는 서로 말도 하지 않는 불편한 관계가 되었습니다. 저는 이런 상황에서 정상적인 근무가 어렵겠다는 생각이 들어 동료와 대화를 시도했습니다. 동료는 이전 근무지에서 버스를 타고 이동하는데 그 시간대가 차가 막히는 경우가 많았고 내성적인 성격 탓에 제대로 사과하지 못했다는 솔직한 이야기를 했습니다. 저는 동료와 함께 근무시간을 지킬 수 있는 방법을 찾아보고 지각이 예상될 경우 사전 통보와 다음 근무 시에 지각한 시간만큼 앞당겨 근무해 줄 것을 약속받았습니다. 그 결과 지각으로 인한 갈등은 사라졌으며 서로 신뢰하는 분위기에서 근무할 수 있었습니다.

Q. 조직을 위해 희생해 본 경험을 말해보시오. (대인관계능력)

공동의 이익이나 목표 달성을 위해 기꺼이 개인적 손해와 희생을 감수할 자세와 태도가 있는지를 확인하는 질문이다. 자신의 희생의 결과로 공동의 이익을 달성하는 데 기여한 경험이어야 한다. 그 과정에서 본인의 희생적 자세가 다른 팀원들의 협력을 유발하였음을 보여준다면 금상첨화다.

> 학교 축제준비단원으로 4명의 팀원들과 축제를 기획하는 일을 맡았습니다. 팀원들은 각자의 개인적인 사정을 이유로 미팅에 참석하지 않고 맡은 업무도 게을리하기 시작했습니다. 이대로는 축제를 치르기 어렵다고 생각하고 제가 총대를 메기로 했습니다. 학점이 나빠질 것이 자명했지만 축제가 끝날 때까지 한 달간의 강의를 포기하기로 했습니다.
> 축제관련 업체와의 미팅이 저녁 늦게까지 이어지는 날이 많아 야간 아르바이트도 그만두었습니다. 묵묵히 다른 팀원들의 업무까지 도맡아하자 팀원들이 미안하다며 돕겠다고 나서면서 모든 팀원들이 지연스럽게 참여하게 되었습니다. 모두의 노력으로 축제는 성공적으로 개최되었고 설문조사 결과 역대 가장 재미있는 축제로 기록되기까지 했습니다.

Q. 문제를 효과적으로 해결했던 경험이 있나요? (문제해결능력)

단편적이고 일회적인 해결책이 아닌 근본적이고 장기적인 해결책을 제시한 경험이 좋다. 문제해결의 단계는 일반적으로 문제의 인식, 문제의 분석, 문제의 해결 순으로 정리한다.

> 동아리에서 진행하는 콘퍼런스를 무사히 개최한 경험이 있습니다.
> 매년 ○○무역업체와 함께 공동으로 콘퍼런스를 진행하는 상황이었으나 한중관계 악화로 갑작스럽게 불참한다는 통보를 받았습니다. 이미 많은 부분이 진행된 상태라 다시 새로운 기업과 준비하는 것은 불가능하다며 회원들은 포기하자는 반응이었습니다.
> 저는 학교 측에 학교와 관계를 맺고 있는 기업리스트를 요청하고 올해 준비했던 주제와 관련성 있는 기업을 선정했습니다. 더불어 기업들을 설득할 제안서를 가지고 약 30군데 기업을 방문하여 진심을 담아 참여를 호소했습니다.
> 그 결과 3개 기업의 참여를 유도해서 콘퍼런스를 성황리에 개최했습니다.

💡 **Q. 어려운 상황을 극복하고 성공했던 경험이 있나요?**(자기개발능력)

지원자의 도전정신 및 난관 극복에 대한 의지와 열정, 자기개발능력을 복합적으로 파악하기 위한 질문이다. 즉 도전과정에서 얼마나 자기목표를 주도적으로 세우며, 자기를 통제하고 스스로 세운 규칙이나 원칙을 꾸준히 실천해 내는가를 보여줘야 한다.

> 대학시절 ○○프로젝트를 성공적으로 마쳤던 경험입니다.
> 3학년 때 평소 꼭 하고 싶었던 ○○연구프로젝트에 연구 보조원으로 참여했습니다. 프로젝트 도중 아버지의 갑작스러운 사업 실패 소식에 충격을 받으신 어머니가 쓰러져 병원에 입원하셨습니다. 정상적으로 프로젝트에 참여하기 어려운 상황이었지만 꼭 참여하고 싶었던 터라 병간호와 연구 보조활동을 병행하기로 결심했습니다.
> 담당교수님과 선배연구원들에게 사정을 말씀드리고 병실에서 노트북을 가져다 놓고 어머님의 병간호를 하며 원격으로 논문리서치업무를 수행하였습니다. 너무 힘들 때는 포기하고도 싶었으나 3개월간 4시간의 수면시간을 지켜가며 업무를 수행했습니다. 결국 프로젝트가 성공적으로 마무리될 수 있도록 제 역할을 충실히 해냈으며 다행히 어머니께서도 건강을 많이 회복하셨습니다.
> 이를 통해 어려운 환경에 처하더라도 포기하지 않고 긍정적인 자세를 가진다면 난관을 극복해 나갈 수 있다는 점을 배웠습니다.

4. 상황질문 유형

 Q. 상사의 부정을 발견했다면 어떻게 대응하시겠습니까?

지원자의 윤리의식을 확인하기 위한 질문으로 '원칙준수'라는 기본에 입각하는 것이 기본 방향이 되어야 한다. 다만 상사와의 인간적인 관계를 고려한 융통성 있는 대응방법을 제시한다.

네, 우선 상사에게 자진신고할 것을 권유하겠습니다. 만일 자진신고하지 않을 경우에는 회사의 신고체계를 통해 신고하겠습니다. 부정부패나 비리문제는 개인을 떠나 회사에도 엄청난 문제를 야기할 수 있으므로 원리원칙을 지키겠습니다.

 Q. 상사가 부당하게 업무를 지시한다면 어떻게 대응할 것인가?

지원자의 규정 준수자세를 확인하는 질문이므로 원리원칙을 지키며 아무리 상사라 하더라도 규정을 넘어서는 지시를 할 경우에는 원칙적으로 이를 따라서는 안 된다.

먼저 상명하복에 따라 상사의 지시를 따르겠습니다. 만약 회사의 업무에 관한 지시라면 성실히 수행하겠지만 상사의 개인적인 일로 지속적인 부당한 지시를 한다면 정중하게 거절의사를 밝히겠습니다.

 Q. 본인이 지원한 분야말고 다른 부서에 발령난다면 어떻게 할 건가요?

조직과 개인의 이해가 대립되는 가상상황에 대처하는 방식을 확인하여 조직 내에서의 애매한 갈등상황을 슬기롭게 해결할 수 있는지를 파악하는 질문이다. 경중을 파악하여 가급적 조직의 요구를 수용하는 입장으로 답변하되 필요시 개인적인 요구를 조직 내에서 허용되는 범위 안에서 합리적인 방식으로 전달하겠다는 답변을 제시한다.

발령된 부서에서 성실하게 업무를 수행하겠습니다. 회사의 여러 가지 상황을 고려하여 판단한 것이라 생각하며 다양한 분야의 업무를 경험하는 것이 장기적으로 값진 경험이 될 것이라 생각합니다. 다만 그 분야에서 일정기간 업무를 수행한 이후 부서 이동 신청의 기회가 있다면 원래 제가 목표로 했던 분야의 업무에 다시 도전해 보고 싶습니다.

Q. 야근을 해야 하는데, 갑자기 개인적으로 중요한 용무가 생긴다면 어떻게 하겠습니까?

지원자의 조직지향적 자세를 확인하기 위한 질문이므로 개인의 이해보다 조직의 목적달성을 우선시하는 행동이 기본적인 답변 방향이 되어야 한다.

회사의 업무가 시급하고 중요한 일이라면 당연히 야근을 할 것입니다.

하지만 급하지 않은 일이라면 중요한 개인 용무를 보고, 그 업무에 피해가 가지 않도록 다음날 아침 일찍 출근하여 업무시간 전에 일을 해놓겠습니다.

당연히 개인적 용무보다 회사일을 최우선으로 생각하는 것이 직장인의 본분입니다. 다만 업무의 경중에 따라 회사일에 피해가 가지 않는 선에서 이 두 가지를 충분히 조율할 수 있다고 생각합니다.

Q. 고객이 억지 주장을 하며 무리한 요구를 한다면 어떻게 하겠습니까?

고객 대응 및 일반적인 설득 커뮤니케이션의 절차를 생각하여 답변한다. 자신의 생각이나 원칙을 일방적으로 설득하려 하기보다 상대방의 관점과 의견을 충분히 듣고 차근차근 설득해 나가는 것이 기본 대응 방향이다.

먼저 상담실로 안내하여 고객의 흥분을 최대한 가라앉히고 고객의 요구사항을 경청하겠습니다.

그리고 무리한 요구에 따라 적절하게 처리하겠습니다. 규정을 잘못 이해했다면 규정에 대해 자세히 설명해 드리고 다른 직원의 태도에 화가 나신 상황이면 정중히 사과드리겠습니다. 만일 규정을 알고도 더 많은 것을 위한 무리한 요구라면 정중하게 원칙에 따라 대응하겠습니다.

5. 추궁질문 유형

 Q. 학점이 낮은 이유가 무엇인가?

면접관의 이런 질문을 받으면 대부분의 지원자가 당황해서 변명을 늘어놓기 마련이다. 하지만 서류전형에 통과했다는 것은 당신의 능력이 해당분야에 필요하다는 뜻이고 면접관은 지원자의 소신을 확인하는 질문이므로 공손한 어투로 풀어간다. 성적 하락의 배경을 정확하게 설명하고 그 대신 무엇을 배웠는지 어필한다. 전체 평균학점이 낮더라도 전공이나 지원분야와 관련된 과목의 성적이 좋다면 이를 요약해서 전달하는 것도 좋은 방법이다.

> 저학년 때 집안사정이 여의치 않아 일과 학업을 병행하느라 성적에 소홀했던 것은 사실입니다. 하지만 10여 곳의 아르바이트 경험으로 입사 후 더 빨리 조직에 적응할 수 있다는 장점이 생겼습니다. 이후 3학년부터는 집안사정이 좋아져서 공부에 매진할 수 있었습니다. 그 결과 장학금도 받고 3, 4학년 평균학점을 3.8 이상으로 끌어올렸습니다.

 Q. 졸업 후 공백이 많네요?

졸업 시점에 취업을 하지 못했다 하더라도 그 자체가 문제가 되는 것은 아니므로 솔직히 답변한다. 더 중요한 것은 공백기간 동안 얼마나 의미 있는 활동을 했는지 보여주고 이를 통해 배운 것을 언급한다.

> 졸업 후 물류분야로 취업을 준비했지만 번번이 실패했습니다. 다른 지원자들보다 준비와 역량이 부족하다는 생각을 했고 보다 철저히 준비하고자 했습니다. 단순히 스펙을 쌓는 것이 아니라 정말 당장이라도 업무에 써먹을 수 있는 사람이 되기로 마음먹었습니다. 스터디를 조직해 각 회사의 물류시스템도 연구하고 관련지식을 쌓았습니다. 또한 물류현장에서 1년간의 아르바이트를 통해 현장경험을 익히고 물류가 창출하는 부가가치에 대해 직접체험을 통해 배웠습니다.
> 번번이 낙방이라는 쓰라림을 맛보았지만 그 시간으로 인해 직무에 대한 확신을 가지고 기본 능력을 확보할 수 있었던 값진 시간이었습니다.

PART
14

취업면접 꿀팁 BEST 85

PART 14

취업면접 꿀팁 BEST 85

〈1〉 면접관이 좋아하는 답변 스타일은 따로 있다?

YES.

소속면접장에서 긴장감이 고조되는 것은 당연하다. 그런 자리에서 기출문제로 그동안 많이 준비했던 질문을 받게 되면 매우 반갑다. 본능적으로 외웠던 답변을 술술술 하려고들 한다. 이것이 과연 왜 문제가 될까 싶은 사람들도 많을 것이다. 이유는 간단하다. 마치 발표하듯 답변을 술술 풀어냈기 때문이다. 정작 본인은 준비했던 예상 질문에 제대로 답변을 하고 나왔다고 생각할 수도 있지만, 이런 발표식 말하기는 썩 긍정적인 결과를 얻기 힘들다. 왜 그럴까? 발표식 답변은 일방적인 느낌이 크기 때문이다. 물론, 면접장에서 면접 심사위원들과 편한 대화가 오가기란 보통 내공이 있지 않고서는 어려운 것도 사실이다. 하지만 혼자서 일방적으로 쏟아내듯 (외운 답변을 까먹을 까봐 서두르는 느낌) 말하지 말자. 소통, 대화까지는 아니더라도 발표하듯 답변하는 것은 삼가자.

〈2〉 면접장에서 떠는 모습은 마이너스이다?

NO.

전혀 그렇지 않다. 누구나 다 떨리는 자리이다.

〈3〉 예상치 못한 특이한 질문은 피해야 한다?

NO.

면접 심사위원들이 그 질문내용에 대한 답변이 정말 궁금해서 묻는 게 아니라는 것을 기억해야 한다. 어떤 질문이든 어떻게 답변을 할까. 고민하기 전에 먼저 질문의 의도를 파악해야 한다. 질문의 의도를 잘 파악하기 위해서는 평가요소부터 따져보는 것이 중요하다.

〈4〉 기업(회사)마다 평가기준은 모두 다르다?

YES or NO.

기업(회사)마다 그 평가기준은 크고 작게 다르다. 하지만 지원하는 기업(회사)의 인재상에 부합되는 인물인지, 직무에는 적합한 인물인지를 평가하는 것은 확실하다. 요즘은 기업문화의 이해도, 조직 커뮤니케이션 소통능력 또한 많이 평가하는 추세이다. 따라서 기본적으로 내가 지원하는 기업(회사)의 조직문화를 파악, 이해하고 또 그 조직 내에서 해당 직무에 맞는 어떤 역량을 갖고 있는지 또한 입사 이후에는 어떻게 변화 성장할 것인지에 대한 가능성을 어필하는 것도 좋다.

〈5〉 공기업과 일반기업의 면접 답변은 달라야 하나요?

YES.

결론부터 말하면 분명 다르게 접근하고 다르게 답변해야 한다. 공기업은 공익성을 추구하는 지원자를 선호하며 면접 진행과정 또한 일반기업 면접 전형에 비해 정형화되어 있다. 반면, 기업은 수익성을 창출, 추구하는 지원 자를 선호한다.

그리고 직무수행능력, 직업기초능력 등을 평가하는 공기업과 다르게 기 업은 기업들마다 면접방식에 차이가 있다. 그런 만큼 내가 지원하는 기업의 면접방식을 파악하고 그 방식에 맞춰 준비해야 한다.

공기업 면접에서는 최근 정부정책이나 진행되고 있는 기관 사업들에 얼마 나 관심이 있는지에 대한 이해도 등을 평가한다면, 기업에서는 기업의 수익 을 위한 방법과 그로 인해 창출된 수익을 어떻게 지속 가능하게 할 수 있는 지 등에 대한 이해와 고민이 필요하다.

〈6〉 블라인드 면접은 정말 블라인드 면접인가?

YES.

나이, 성별, 가족 구성원, 출신지, 출신학교 등의 정보를 답변 중에 말하 면 감점 등 불이익을 당할 수도 있음을 매번 면접장에 입실하는 대상자들에 게 공식적으로 전달하기도 한다. 그만큼 채용에 있어 공정성과 투명성을 높 이기 위해 다각도로 노력하고 있다.

지원자, 면접 대상자들뿐 아니라 면접 심사위원들 역시도 블라인드 과정 으로 진행된다. 필자 역시도 공공기관 블라인드 채용 면접심사를 하러 가면, 외부와 철저하게 차단된다. 먼저 휴대폰을 비롯한 모든 전자기기는 다 압수, 보관된다. 그리고 바로 면접 당일 심사위원 조편성이 이루어진다.

다시 한번 강조하지만, 면접장에서 절대 개인 신상정보를 언급해서는 안 된다.

〈7〉 자기소개나 답변 시 이름이나 별명을 언급하면 안 되나요?

YES or NO.

공기업 블라인드 면접에서는 안 된다. 기업에서도 블라인드 면접이라면 역시 안 된다.

아무리 내가 해당 기업에서 계약직이나 인턴으로 일했던 경험이 있다 해도 절대 언급해서는 안 된다. 주어진 명찰에 적힌 일련번호를 언급하라. 블라인드 면접이 아니라면 이름이나 별명과 관련된 스토리나 에피소드가 본인의 역량과 가능성 평가 등에 도움이 된다면 말하라. 오히려 각인시키기에 좋다. 굴지의 C사 면접장에서 실제로 이러한 일이 있었다. 마지막으로 한마디 하고 싶은 사람?이라는 면접관의 질문에 "이:이슬기가 슬:슬글슬금 기:어갑니다. 고맙습니다."라고 했다. 그녀는 합격 소식을 전했다.

〈8〉 인턴 채용 면접은 가벼운 마음으로 임해도 되나요?

YES or NO.

세상에 만만한 면접은 없다. 인턴 채용 면접이니까 가벼운 마음으로 대충 봐도 되겠지라는 생각은 매우 잘못됐다. 그런 생각은 결국 면접에 임하는 태도로 다 나타난다. 면접 심사위원들은 또 귀신같이 그것을 눈치챈다.

정규직 전환으로 이어지는 인턴 채용과 체험형 인턴 채용 면접이 크게 다르지는 않다.

다른 점은 일정 인턴기간 이후 정규직 전환이 되느냐, 단순 체험으로 인턴을 끝내느냐. 이 차이가 있을 뿐이다.

채용과정은 크게 다를 게 없다. 채용 인턴 유형과 무관하게 면접에서는 기업을 향한 마음가짐, 더 나아가 애사심, 기업에 대한 비전과 동향, 사업 내용 등 전반적인 이해도가 어느 정도 되어 있는지를 평가한다.

상대적으로 체험형 인턴 면접의 경우에는 합격 이후 각오, 과거 자신의 삶, 학창시절 등의 경험을 비롯한 이야기를 풀어내도 좋겠지만 이왕이면 단순한 스토리를 넘어 합격 이후 과거 경험을 통해 얻은 교훈이나 능력을 기업과 조직 내에서 어떻게 발휘하고 성과를 내는 데 기여할지에 대한 이야기로 이어가면 분명 더 좋은 결과를 얻을 수 있을 것이다.

〈9〉 블라인드 면접에서 가장 중요한 평가요소는 따로 있다?

YES.

요컨대, 직무능력과 직무관련 경험이 가장 핵심적인 평가요소이다. 면접 평가의 기준이 되는 직무기술서는 아주 중요하다. 직무기술서에 따라 면접 질문의 방향과 성격이 달라진다. 그 내용을 바탕으로 면접 질문들이 주어지기 때문이다.

과한 포장으로 이어지는 장점 나열은 하지 말아야 한다. 오히려 구체적 강점 제시와 더불어 단점에 대해 언급하되, 어떻게 보안해 변화 성장할지에 대한 내용을 전하는 것도 좋다.

면접 심사위원들은 지원자가 언제, 어디서, 무엇을, 왜 했는지 궁금해 죽을 것 같아서 직무 경험관련 질문을 하는 것은 아니다. 그렇다면 어떻게 답하는 게 좋을까? 과거 직무와 관련된 경험을 했다면 단순히 했다라는 경험만 말하는 것보다 그 과정에서 느꼈던 것, 배운 것 등을 말하는 것이다.

정리하자면, 지원하는 해당 분야에 맞는 최적의 인재라는 것을 강조하되, 지나친 포장과 억지는 금물이다.

〈10〉 지원하는 기업에 대한 벼락치기 공부법이 있을까요?

YES.

물론 다각도로 차근차근 정보를 수집, 공부하면 좋겠지만 급하게 지원하려는 기업에 대해 공부해야 한다면 그 기업의 대표 신년사를 찾아서 정독해라. 신년사에는 그해에 기업이 집중하는 사업분야를 한눈에 파악할 수 있게 정리되어 있다. 그러나 이는 키워드 정도 파악하는 선에 그친다. 따라서 시간을 갖고 신년사에 언급된 집중 사업 분야와 관련된 공부는 꼭 해야 한다.

또한 요즘은 기업 홈페이지는 물론이고 각 기업들이 운영하는 SNS 채널들을 통해서도 기업 정보를 쉽고 또 빠르게 얻을 수 있다. 관련된 사업 보고서나 관련 기사를 찾아봐도 공부에 도움이 된다.

〈11〉 면접 답변에 면접 심사위원들의 반응이 분위기상 좋게 느껴지면 준비했던 내용보다 답변을 더 길게 하는 게 좋을까요?

NO.

엄청난 시청률을 자랑하는 드라마가 연장방송 욕심을 낸다. 그렇게 갑자기 드라마 편수를 늘리게 되면 시청자들은 외면한다. 스토리가 무너지기 때문이다. 마찬가지다. 15~30초로 답변하라는 말은 많이들 들었을 것이다. 그럼에도 불구하고 분위기상 뭔가 나에게 유리한 느낌이 느껴지는 순간 많은 지원자들은 실수를 한다. 꼭 말이 길어진다. 큰 실수다. 이럴 때 면접관으로서 참 안타깝다.

결론, 30초 미만으로 말하자. 정말 면접관이 관심과 흥미를 갖고 있다면 추가질문이 이어질 것이다. 그때 더 말을 이어가도 충분하다. 요리할 때 절대적으로 필요한 소금도 과하면 짜다. 그 음식은 이내 버려진다. 잊지 말자. 30초 미만으로 말하기.

〈12〉 나에게 추가질문을 한 면접 심사위원이 있다면 추가질문 답변이 끝날 때까지 그 분을 바라보는 것이 예의다.

NO.

절대 해서는 안 되는 실수다. 하지만 면접 현장에서 아주 많이 목격되는 면접자들의 실수다. 추가질문이 주어지면 지원자들은 '저 면접관은 나에게 호감인가봐, 긍정적인가봐'라는 생각을 본능적으로 한다. 물론 공격적 질문일 때 역시도 더 잘 보여서 만회해야겠다는 생각에 질문을 던진 면접 심사위원만 보고 답하는 사람들이 면접 심사를 하는 필자의 경험상 예상 외로 아주 많았다. 그럼 어떻게 하면 좋을까?

면접 심사위원이 2명 이상이라면 꼭 질문한 사람뿐 아니라 그 외의 사람들과도 눈맞춤을 해줘야 한다. 나에게 질문한 면접 심사위원만 평가하는 것이 아니지 않은가? 그렇다면 모든 면접 심사위원들이 지원자를 평가한다는 말인데 왜 한 사람만 의식하는가. 골고루 시선을 나눠야 한다. 다만, 질문한 분을 기준, 중심으로 먼저 눈맞춤을 하고 이동할 것을 추천한다.

〈13〉 면접 심사위원들과의 눈맞춤은 오래할수록 좋다.

NO.

거듭 강조하지만 면접 심사위원이 2~6명 정도인데 이분들 중 누구는 평가하고 누구는 안 하고가 아니다. 모두 다 평가하는 평가자이다. 특정 심사위원에게만 시선이 멈춰 있는 것은 좋지 않다. 하지만 너무 긴장하면 본인이 누구를 얼마나 보고 있는지 자각하기 힘들다.

면접 스터디를 하거나 면접 스피치 연습을 할 때 효과적인 방법이 있다. 한 사람당 7초가량 머문다는 생각으로 답변을 이어 나가는 것이다. 혼자 면접 스피치 연습을 하는 경우라면 집에 화분이나 인형 등의 소품을 앞에 두고 실제 면접 심사위원이라 생각하면서 연습해 보는 것이다. 정중앙에는 스마트폰이나 카메라와 같은 촬영장비를 이용해 진행되는 과정을 녹화한다. 이후 녹화된 영상을 모니터링하면서 본인의 시선처리를 확인하는 것을 추천한다.

〈14〉 면접 평가지에 고개를 숙이고 있는 면접 심사위원은 무시하고 그 옆 심사위원에게 집중한다.

NO.

보통 7초가 안정감 있는 시선처리라고는 하지만 준비된 답변을 말하는 것도 벅찬데 초 단위까지 챙길 여유는 없을 것이다. 거기다 나에게 무관심인 듯한 면접 심사위원의 태도는 반갑지 않기에 건너뛰고 그 옆 심사위원에게 집중해 좋은 점수를 얻고 싶을 것이다. 하지만 안 된다. 1~2초라도, 평가표를 향해 고개를 숙이고 있어 말하고 있는 지원자를 못 보더라도 잠깐 그 심사위원의 정수리라도 보고 시선을 이동시켜 주자. 이때 절대 면접 평가지를 향해 시선을 내려서는 안 된다.

앞서 언급했듯이 7초가량의 시선 멈춤과 이동은 답변하는 지원자에 대해 여유 있음, 안정감 등을 느끼게 한다. 긍정적인 결과에 분명 도움이 된다. 하지만 답변에 신경쓰는 것만으로도 힘들기 때문에 속으로 1초, 2초, 3초~ 식으로 초를 체크하기는 더더욱 어렵다.

그럴 때는 한 문장에 한 사람, 한 의미에 한 사람. 이렇게 시선을 나누는 것을 추천한다. 여유 있고 안정감 있는 지원자의 모습은 결국 심사위원들 눈에 자신감으로 보인다. 잊지 말자. 균등한 시선 배분과 7초를…

〈15〉 단체면접 시 내가 준비한 답변과 비슷한 답변을 앞 사람이 먼저 말했다면 답변 내용을 바꿔 말해야 한다.

NO.

굳이 그럴 필요는 없다. 비슷하지만 사례가 다르면 괜찮다. 답변 시에도 "앞 지원자와 저 역시 비슷한 생각입니다. 왜냐하면….” 생각이 비슷할 수는 있다. 그렇기 때문에 나만의 이야기가 필요하다. 다양한 경험이 중요하고 그것을 어떻게 답변으로 녹여내느냐가 포인트이다.

〈16〉 공통 질문 답변 시 지원자 중 먼저 답변하는 사람이 유리할까?

YES or NO.

만약 면접자 모두에게 동시에 질문이 주어지고 답변의 순서가 정해지지 않은 상황이 온다면 먼저 손들고 답변을 전하는 것이 확실히 좋긴 하다. 준비되어 있는 인재상, 자신감 있는 모습 등이 좋은 평가로 이어지기에 충분하다.

하지만 여기서 주목해야 할 것은 시간 싸움이 아니라는 것이다. 답변이 준비되지 않은 상태에서 일단 손부터 들고 봐야지 하는 마음으로 손을 번쩍 들어 속도에만 신경을 쓰는 것은 매우 옳지 않다. 면접이 무슨 게임인가. 그런데 정말 그런 지원자들을 심심찮게 볼 수 있다. 이는 확실한 마이너스다. 반대로 다른 지원자들의 말을 다 듣고 그 답변들을 조금씩 활용해서 완성도를 높여보려는 눈치작전 또한 옳지 않다. 면접 심사위원들 눈에는 그것까지도 다 보인다. 인성까지 의심받게 된다.

이런 사례도 있다. 실제로 답변을 서로 하려고들 하는 상황에서 동시에 손을 들었는데, 이때 한 지원자가 여유 있는 미소로 다른 지원자를 향해 본인이 들었던 손을 다른 한 손으로 받쳐 먼저 답변하라는 제스처를 한 지원자도 있었다. 그 지원자의 모습에서 배려와 양보, 여유와 자신감을 읽을 수 있었다. 다시 말하지만 면접은 게임이 아니다.

〈17〉 답변 시 절대 해서는 안 되는 베스트 오브 베스트가 있나요?

YES.

절대 해서는 안 되는 것 중 단연 으뜸으로 꼽는 것은, '거짓말 그리고 인터넷에 돌아다니는 뻔하고 뻔한 답변은 제발 좀 하지 말자.'이다.

너도 나도 비슷한 답변, 어떤 때는 거의 완벽하게 똑같은 답변을 말하는 지원자들도 있었다. 이럴 때는 모두에게 마이너스가 된다. 실제로 존경하는 인물이 누구냐는 질문에 유재석, 김연아, 이순신, 그리고 부모님… 이렇게 크게 4명의 인물들을 예로 든 답변이 유난히 많았던 면접 심사가 기억에 남는다. 대상만 같은 게 아니라 그 이유까지도 같았고 사례까지도 비슷했다. 그때 오죽했으면 필자는 면접 심사를 진행하면서 '존경하는 인물이 누구인가요? 유재석, 김연아, 이순신, 부모님을 제외하고 답변해 주세요'라고까지 말했던 기억이 있다.

〈18〉 선택형 질문에도 요령은 있다.

YES.

선택형 질문을 받으면 순간 어떤 결과를 전할지 고민하게 된다. 그런데 결과나 답보다 더 중요한 것은 따로 있다. 물론 지원자가 어떤 생각을 하는지도 중요하겠지만 그보다는 왜 그러한 결과를 선택했는지 지원자가 내린 결론과 답이 왜 그러한 건지 그 이유가 더 중요한 평가요소가 된다. 따라서 요령이 필요하다.

관련된 경험이 있다면 그 스토리를 이용해 왜 이러한 선택을 했고 왜 이러한 결론과 답을 내렸는지 합리적인 논리로 풀어내는 것이 첫 번째 요령이다. 이때 말하는 지원자에게 역동성과 명확성이 느껴진다면 힘있는 말하기로 좋은 이미지는 물론 확실한 메시지를 전달할 수 있게 될 것이다. 이것이 두 번째 요령이다. 메시지 전달력도 높이고 호감도까지 상승시키고 싶다면 이 두 가지 요령을 잘 활용하기 바란다.

〈19〉 굳이 기업의 경영철학까지 공부해야 하나요?

YES.

관계에 있어서도 상대방의 가치관과 철학이 어떠하냐에 따라 그 관계의 친밀도나 커뮤니케이션은 달라진다. 하물며 내가 지원하고자 하는 기업의 비전과 목표, 방향성 등도 모른 채 면접을 보러 간다는 것은 면접의 자세가 안 되었다고 볼 수밖에 없다.

무엇보다 면접자에게 매우 불리할 수밖에 없다. 왜냐하면 기업에서 추구하는 핵심가치는 곧 그 기업에서 원하는 인재상, 채용하고자 하는 인재와 연결되기 때문이다.

기업 성장, 기업 안정을 위해서 꼭 필요한 핵심가치는 강력한 무기이자 경쟁력이 된다. 중요하고도 필요한 기업의 핵심가치를 이끄는 경쟁력을 키우기 위해서 꼭 필요한 것은 사람, 직원이다. 따라서 지원자가 기업에 대한 이해를 어느 정도 하고 있는지를 또 기업의 핵심가치를 경쟁력 있게 이끌어갈 가능성이 있는지를 평가하기 때문에 기업의 경영철학은 물론이고 조직의 문화까지도 공부하면 도움이 될 것이다.

〈20〉 일반기업(대기업)에 다니는 중인데 공기업을 준비하면 안 되나요?

NO.

안 될 이유는 없다. 다만 분명 지원 동기에 관한 질문을 받게 될 것이다. 이때 얼마나 소신있는 답변으로 면접 심사위원을 설득할 수 있느냐가 중요하다. 나만의 스토리가 담긴 지원 동기가 필요하다.

'정년이 보장되는 안정적인 삶을 살고 싶습니다'라는 답변을 가장 많이들 한다. 이 답변을 하고 싶다면 나만의 이유 있는 스토리를 함께 말해야 한다.

〈21〉 공기업, 공무원 면접에서 성과 추구, 비전을 향한 도전적인 삶에 초점을 둔 답변은 나쁜 건가요?

NO.

'좋다, 나쁘다'라고는 할 수 없다. 그러나 일반기업과 공기업, 공무원의 가장 큰 차이점을 알고 있다면 이 답변이 베스트가 아니라는 것을 알 수 있을 것이다. 물론 기업마다 약간씩 차이가 있지만 그래도 한마디로 정리하자면 이러하다.

"기업은 성과 추구, 공기업·공무원은 안정 추구" 이를 기억하자. 그렇다면 성과 추구, 비전을 향한 도전적인 삶에 초점을 둔 답변은 기업 면접에 더 적합할 수 있겠다. 그렇다고 공기업, 공무원 면접 시 열정 없는 모습을 보이라는 것은 아니다.

〈22〉 면접 이후 심사위원들 간의 의견 교환으로 평가가 달라질 수도 있을까?

YES.

면접장에서 면접이 끝난 지원자가 퇴실하고 나면 면접 심사위원들은 각자 평가를 한다. 면접 진행 중에도 평가가 이루어지지만 지원자가 퇴실하고 다음 지원자들이 입실하기 전까지 평가를 마무리한다. 이때 의문이 든다거나 평가에 고민이 생기면 당연히 서로 의견을 주고받는다. 이런 일은 생각보다 많다. 이때 다른 위원들의 말에 설득을 당하기도 한다. 당연히 평가 결과에 영향을 미친다.

〈23〉 면접은 '나'라는 상품을 파는 자리이다?

YES or NO.

많은 면접 관련 학원에서는 면접관에게 자신을 판다고 생각하고 답변하게 교육을 시킨다. 앞서 마케팅 전략을 모방하여 나를 분석해서 진로와 취업전략을 잡아야 한다고 필자 역시 말했다. 하지만 면접 심사위원에게 무조건 '나를 합격시켜 주세요.' 식의 답변은 추천하지 않는다.

설득시키려 하기 전에 '나'라는 사람에 대해 공감부터 시키는 것을 추천한다. 그러기 위해서는 나만의 경험이 담긴 진정성 있는 공감 스토리가 필요하다. 그 스토리를 공감하는 과정에서 지원자의 철학, 가치관, 가능성 등이 확인되고 면접 심사위원들은 자연스럽게 설득당하는 것이다. 한때 유행했던 세일즈 화법 "팔지 마라, 사게 하라." 이 말이 정답이다. 지원자, 나 자신의 입장에서 나를 일방적으로 소개하지 말고, 면접 심사위원들의 입장과 관점에서 답변을 풀어내자.

〈24〉 면접 시 떨리는 목소리로 답변하면 떨어질까?

No.

다 떨리는 자리다. 정도의 차이만 있을 뿐이다. 긴장 속에서 준비한 답변을 제대로 보여주는 것 또한 실력임은 분명하다. 그러나 긴장으로 인해 떨리는 목소리로 답변하는 게 마이너스는 아니다. 물론 전달력이 전혀 없는 떨림은 곤란하겠다. 누구나 다 떨린다는 것을 인정하고 수용하자. 실제로 면접 중에 너무 떨려서 울음을 터뜨린 지원자도 목격했고, 같은 문장만 몇 번을 말하다가 죄송합니다만 수십 번 말한 지원자도 봤다.

기억에 남는 지원자도 있다. 본인의 떨림을 자연스럽게 말로 표현했던 지원자였다. "하아~ 간절한 만큼 많이 떨리네요."라고 말했던 그 지원자는 애써 미소를 지었으나 무릎 위에 올려진 손이 한없이 떨리고 있음이 확인됐다. 당시 면접 심사를 하셨던 위원장님께서는 "아이고~ 날씨가 참 좋네요, 면접 보기 딱 좋은 날씨죠? 날 좋은 날 커피 한잔하면서 크게 심호흡한다~ 생각해 보세요."라고 말씀하시면서 긴장을 풀어주려 애쓰셨다. 지원자 역시 "고맙습니다"라고 인사한 뒤 이어 본인이 준비한 답변을 말하고 퇴실했다.

면접 심사위원들도 사람이다. 진정성, 진실성 있는 모습으로 면접 심사위원들과 함께하라.

〈25〉 왜 경험이 담긴 스토리를 강조할까? 과거 경험말고 앞으로의 삶을 어떻게 살겠다 하는 미래설계, 미래지향적 계획과 다짐들을 말하면 안 될까?

YES.

과거 없는 미래는 없다. 면접 심사위원들은 지원자들의 과거 경험을 기준으로 질문을 한다. 다시 말해 면접 위원들은 지원자의 과거 경험만 일단 믿을 수밖에 없다. 과거 지원자의 경험을 통해 가능성을 평가한다. 한번도 봉사활동을 해본 적 없는 지원자가 입사하게 된다면 사내 봉사 동아리에 가입해서 많은 활동을 하겠다고 말한다면 신뢰도가 떨어진다.

합격을 한다면, 입사 후에는 어떻게 어떻게 하겠다고 말만 하지 말고 과거 나는 이런 경험을 했고 그 과정에서 무엇을 느꼈으며 이런저런 것을 배웠다. 때문에 입사 후에는 그때의 경험을 바탕으로 무엇을 어떻게 더 하고 싶은지 말하는 게 더 힘있는 답변이다.

무조건 어떻게 할 것이다라는 말뿐인 지원동기보다는 과거 본인의 경험을 토대로 풀어내자.

〈26〉 면접 답변을 하다가 갑자기 외운 것이 생각나지 않아 "죄송합니다"라고 면접 심사위원들에게 사과의 인사를 하는 것이 맞다.

No.

꼭 그렇지만은 않다. 지원자의 답변을 면접 심사위원들은 모른다. 예를 들어 5문장의 답변을 준비했는데 2번째 문장이 생각나지 않아서 3번째 문장을 먼저 말했다고 가정해 보자. 말을 하고 보니 아차 싶어 냉큼 "죄송합니다."라고 면접 심사위원들을 향해 사과의 인사를 했다? 면접 심사위원의 입장에서는 '왜 갑자기 사과를??' '아, 실수했구나.' 오히려 부정적인 이미지를 각인시키는 꼴이다.

지원자들의 답변은 지원자들만 알고 있다. 말의 순서가 바뀌었거나 잘 생각나지 않아서 준비했던 답변과 다르게 말했다 한들 면접 심사위원들은 모른다는 말이다.

〈27〉 다대다 면접 시 다른 지원자가 답변을 잘 못한다면, 그때 대신 답변하는 게 유리할까?

YES or NO.

만약 답변에 어려움을 겪는 다른 지원자가 있다면 이때 시간이 계속 지연되고 있고 면접 심사위원의 시선이 답변 중인 지원자에서 다른 지원자를 향해 이동된다면 도전해 보는 것도 좋다. 이때 바로 답변을 말하는 것보다는 손을 들어 "제가 답변드려도 되겠습니까?" "저, 혹시 제가 답변해도 되겠습니까?"라는 말과 함께 동의를 먼저 구하기 바란다. 당연히 동의는 답변에 어려움을 겪고 있는 지원자가 아닌 심사위원에게 구해야 한다.

그리고 면접이 어느 정도 마무리되어 가는 시점, 면접 후반부에 아무리 생각해도 아쉬움이 크고 부족함이 크게 느껴진다면 용기를 내어 손을 들고 "마지막으로 드리고 싶은 말씀이 있습니다. 말씀드려도 될까요?"라고 말하며 동의를 먼저 구하고 마지막 승부수를 던지는 것도 나쁘지 않다.

〈28〉 면접 위원은 모두 그 조직의 내부 사람들일까?

No.

기업마다 차이가 있긴 하지만 100% 내부 조직 위원들로 구성되지 않는다. 특히 공무원이나 공기업에서는 채용의 공정성 확보를 위해 외부 위원만으로도 구성하는 경우도 있다. 내부 위원은 의사소통능력이나 문제해결능력 등에 관한 질문에 초점을 많이 둔다. 의사소통능력의 대표적 평가요소로는 과거 경험, 조직활동, 희생, 봉사를 중심으로 면접을 진행한다. 문제해결능력의 대표적 평가요소는 직무역량과 관련된 경험, 창의성과 관련된 경험 등을 평가하게 된다. 내부 위원들은 조직의 이해도와 윤리, 직무와 전공 등에 관한 질문으로 주로 평가를 한다.

〈29〉 면접장에 입실했을 때, 면접 위원 중 한 사람이 "떨리죠? 긴장 푸세요. 아침 밥은 먹고 왔나요?" "오늘 날이 좀 추운데 컨디션은 괜찮나요?" "면접장 조경이 좋은데 좀 둘러봤나요?" 등과 같은 말을 했다면 합격의 좋은 징조일까?

NO.

아니다. 다른 지원자들에게도 많이 하는 말이다. 과한 착각은 좋지 않다. 그러나 심리적 안정감을 얻었고 좋은 감정으로 면접을 끝까지 마칠 수 있었다면 분명 결과에도 긍정적인 영향을 줬을 것이다.

입실하자마자 착석 전후로 면접 위원들이 가볍게 던지는 질문은 긴장을 풀어주기 위한 일종의 라포르(Rapport) 형성이라고 할 수 있다.

그런데 라포르 형성을 위한 가벼운 질문에 지나치게 구체적이고도 진지하게 답변하는 지원자들도 종종 있다. 그럴 필요도 없고 그렇게 해서도 안 된다.

간단하게 답변하되 이때 목이 잠기지는 않았는지 목소리 점검도 살짝 해보면 좋다.

면접 위원들에게 사적인 감정이 들어간 발언은 절대 해서는 안 된다는 지침이 있기도 하다. 라포르 형성을 위해 면접 위원 중 한 분이 "오늘 넥타이가 아주 잘 어울리는데요? 입사하면 그 넥타이 매고 출근하면 좋겠군요."라는 말을 가볍게 했는데 이후 그 지원자는 불합격했고 기업에 이의를 제기하는 민원을 넣었다. 왜 굳이 호감 있다고 표현했냐고, 누가 봐도 그 말은 합격을 의미하는 말이 아니냐면서…

결국 이듬해부터 라포르 형성을 위한 가벼운 질문에서도 지극히 개인적인 견해가 묻어나는 말은 하지 말라는 공지가 내려왔다.

〈30〉 면접에서 가장 중요한 건 바로 자기소개를 하는 순간이다.

NO.

대기-입실-자기소개-질의응답-퇴실 그 과정 모두가 중요하다. 면접 시작 전에 대기하는 순간과 면접을 마친 후 퇴실하는 면접 이후도 마찬가지로 중요하다. 어느 순간 하나 소홀하게 여겨서는 안 되는 것이 면접이다.

면접 위원들은 지원자들이 입실 전 대기하고 있을 때 앞 지원자들의 면접과 관련된 평가를 정리하고 이어서 입실할 지원자들의 서류를 먼저 본다. 지원자의 서류 내용을 보고 갖게 되는 선입견도 있을 수 있고 만나기 전부터 호기심과 궁금증이 큰 지원자도 있을 수 있다.

지원자의 입실하는 모습에서도 평가는 진행된다. 들어오는 걸음걸이에서 느껴지는 자신감 있는 발걸음, 표정으로 읽을 수 있는 긴장도나 여유, 앉는 자세, 시선처리 등 평가되는 비언어적 요소는 매우 많다.

면접 심사위원들마다 차이가 있으나 일반적으로 자기소개와 질의응답이 진행되는 순간이 많은 것을 평가하는 시간인 것은 맞다.

필자는 개인적으로 면접 위원으로 임할 때 입실 시 태도를 많이 본다. 그

때 형성된 첫인상과 서류에서 느꼈던 궁금증을 안고 면접을 진행한다. 결국 처음 만들어진 첫 느낌이 맞는지 틀린지 확인하게 되는 과정이 자기소개 시간이다. 첫인상이 확실해지는 시간이 된다. 그리고 이후 질의 응답과정에서 면접 위원들의 평가는 명확해진다.

또한 마지막 퇴실에 소홀해서도 안 된다. 첫인상만큼 중요한 것이 끝인상이다. 많은 지원자들이 놓치는 부분이라 매우 아쉽다. 필자 역시도 퇴실하는 자세와 태도를 유심히 지켜보는 면접 위원 중 한 명이기 때문이다.

〈31〉 추가질문, 꼬리 질문을 많이 받을수록 유리할까?

YES or NO.

30번 문항 답변에서도 언급했듯이 면접 위원들이 지원자에 대해 각인된 이미지가 맞는지 아닌지 확인하는 작업에서 당연히 질문은 주어지게 되어 있다. 사람마다 다르겠지만 경험상 필자는 지원자에 대한 확신이 있을 때보다는 그렇지 않을 때 추가질문을 많이 했다. 다른 면접 위원은 확실한 사람은 질문을 많이 하지 않는다고 했다. 나와 비슷한 경우다. D제약사의 경우 '떨어뜨릴 이유를 찾기 위한 질문을 해주세요'라는 요구가 있었고 A공기업역시도 아리송할 때는 압박 추가질문을 통해 인재 채용에 힘써달라는 말도 있었다.

정리하자면, 면접관에 따라 기업에 따라 Yes일 수도 있고 No일 수도 있다.

질문받은 개수에 일희일비하지 말자.

〈32〉 면접 종료 직전, "끝으로 하고 싶은 말이 있나요?"라는 면접 위원의 말에 꼭 답변할 필요는 없다.

NO.

실제로 안 하는 지원자들도 많다. 하지만 끝까지 최선을 다하는 모습을 보여주고 싶다면 마지막 발언권을 잡는 것이 맞다. 혹시 면접 진행 중 지원자가 그간 준비해 온 만큼의 모습을 다 보여주지 못한 아쉬움이 크다면 더욱더 마지막 발언의 기회를 잡는 게 좋다.

그러나 준비가 전혀 되어 있지 않다거나 막상 할 말도 없는데 손부터 번쩍 드는 것은 안 하는 게 좋다.

〈33〉 정말 면접 답변에는 정답이 없을까?

YES.

면접에는 정답이 없다. 미처 준비 못 했던 내용의 면접관 질의가 있으면 많은 지원자들은 준비했던 답변을 억지로 연결해 말을 한다. 어떻게든 준비된 답변들을 활용해서 결과를 좋게 만들고 싶어하는데 이는, 지원자 본인의 만족도는 높을지 몰라도 면접관 입장에서는 부정적이다.

면접관의 질문 의도를 먼저 파악해야 한다. 그래야만 엉뚱한 답변을 피할 수 있다.

〈34〉 면접관의 질문이 이해가 안 되어도 그냥 이해한 척하고 답변해야 한다.

NO.

33번 문항의 마지막 말을 다시 한번 하자면, 질문 의도를 명확히 파악해야만 면접관이 원하는 답변을 할 수 있다. 면접관들이 아나운서처럼 모두 발음이 좋고 전달력이 뛰어나지는 않다.

또 간혹 면접관 본인도 내가 지금 무슨 질문을 하고 있지? 정리가 안 되는 경우도 목격했다.

이런 상황에 놓인다면, 역으로 질문하라. "죄송합니다. 제가 이해를 잘 못했는데, 다시 한 번만 말씀해 주시겠습니까?" 또는 "죄송합니다. 제가 잘 못

들었습니다. 괜찮으시다면 한 번 더 질문을 해주시겠습니까?"라고 요청하라. 이때 쿠션어를 적절히 활용하면서 말투가 차갑지 않게 주의한다.

〈35〉 PT 발표 면접을 볼 때는 웃는 얼굴로 미소를 계속 유지하는 것이 좋다.

NO.

표정 관리가 매우 중요한 것은 사실이다. 그러나 시종일관 웃는 표정은 추천하지 않는다.

발표 주제와 내용에 따라 전체적인 이미지를 계산하고 들어가는 것이 좋다. 무엇보다 표정은 말하는 발표자, 즉 지원자가 하고 있는 말의 내용에 따라 달라져야 한다.

웃는 얼굴로 호감을 전하고 싶은 것은 알겠지만 말의 내용이 다소 진중하거나 부정적인 내용인데도 지원자가 계속 웃는 얼굴로 발표한다면? 그렇다. 옳지 않다.

웃는 얼굴로 발표에 임해야 한다는 강박을 버리고 편안한 표정을 유지하라고 권하고 싶다.

〈36〉 PT 발표 면접 시 앉아서, 또는 서서 발표할 수 있는 선택권이 주어진다면 무조건 서서 하는 것이 유리하다.

NO.

스피치는 심리 싸움이라고 해도 과언이 아닐 것이다. 면접이라는 긴장되는 순간, 발표까지 해야 하는 상황이라면 아마 상상하는 지금 이 순간도 떨릴 것이다. 누구나 긴장하고 떠는 그 순간 어떻게 다스리며 준비한 발표를 이어 나가느냐도 실력이며 곧 평가로 이어진다.

당연히 서서 발표하면 앉아서 하는 사람보다 적극적이고 자신감 있고, 상대적으로 역동성이 더 느껴진다. 면접관에게 지원자의 에너지가 더 잘 전달될 수밖에 없다.

그러나 서 있는 것조차도 힘든, 기절할 것 같은 떨림으로 다리가 후들후들하고 현기증까지 느껴진다면 앉아서 하는 것이 좋다. 그런 상태에서는 서서 발표하는 것보다 차라리 앉아서 떨림을 줄이는 것이 대안이 될 수 있다.

〈37〉 면접관의 난해하고 까다로운 내용의 질문은 지원자가 마음에 들지 않기 때문이다.

NO.

난해하고 까다로우며 심리적 압박감을 주는 면접관의 질문에 지원자들은 당연히 당황하게 된다. 일부러 그런 질문을 던지는 것은 맞다. 의도된 질문이기는 하지만 결코 지원자가 마음에 들지 않거나 미워서 하는 질문은 아니다. 설령 마음에 들지 않는다 해도 그렇게 티를 내면서 곤란한 환경을 작정하고 만들지도 않는다.

그럼 왜 그런 질문하는 걸까? 지원자가 어떻게 대처하는지를 보기 위해서다. 따라서 표정과 온몸으로 당황한 것을 표현하며 '나 죽었네, 나는 망했네'라는 느낌을 전달하지 말자.

본인은 인지하지 못하겠지만 간혹 난처한 질문을 받은 지원자가 면접관을 향해 눈을 흘기거나 이를 악문다거나 한숨을 내쉬면서 미간을 과하게 찡그리는 등의 모습을 보여주기도 한다.

기분은 충분히 이해하지만 무의식중에 전달된 그 모습들은 평가에 고스란히 반영된다. 의식하지 않는 무의식, 무방비 상황에서의 갑작스런 난처함은 사람 본연의 모습이 드러나기 마련이다. 이는 인성에 대한 의심과 위기 갈등 능력, 감정 관리 능력이 부족하다는 평가로 이어질 수밖에 없다.

평소 면접 스터디를 할 때 이런 상황들도 연습해 보기를 권한다. 그리고 요령껏 심호흡을 통한 감정 관리와 평정심을 유지하는 침착함 또한 연습하자. 감정 관리도 학습을 통해 충분히 관리할 수 있다.

〈38〉 화이트보드(칠판)가 제공되는데 활용하지 않는다면 감점요인이 된다.

NO.

15분가량의 PT면접이 결코 짧은 시간은 아니다. 그런 만큼 판서를 통해 분위기를 전환하는 것도 참 좋은 방법임에 틀림없다. 필요하다면 사용하는 것이 좋지만 굳이 필요없는데 면접장에서 제공하니 필수적으로 사용해야 하나 고민될 것이다.

억지로 사용하는 것은 추천하지 않는다. 오히려 판서에 자신이 없고 스피치에 자신이 있다면 과감히 판서를 포기하고 표현력을 살린 발표를 이어 간다면 면접관들을 충분히 집중시킬 수 있을 것이다.

〈39〉 판서할 때 필체가 보기 좋고 예쁘면 유리하다.

YES or NO.

보기 좋은 떡이 먹기 좋고 이왕이면 다홍치마라는 말이 있다. 하나도 알아볼 수 없는 판서보다는 보기 좋고 읽기 좋은 필체가 좋지 않겠는가. 그렇다고 오랜 시간 투자해 가면서까지 판서에 공을 들일 필요는 없다. PT면접 장소이지 펜글씨 자격증 시험을 보는 곳이 아니란 말이다.

판서할 때도 요령이 필요하다. 구구절절 길게 쓰지 말 것. 키워드 중심으로 혹은 간단한 도형 정도를 그려주는 것을 추천한다.

〈40〉 "아침은 먹고 왔나요? 로또 사본 적 있나요? 주량은 어떤가요?"
이런 기타 사항 질문은 대충 말해도 되나요?

NO.

면접에서 대충이란 없다. 특정 역량 평가를 위한 질문으로 당락을 좌우하는 질문은 아니다. 그래도 역량 면접의 한 부분으로 보면 좋겠다. 논리적이고 명확한 답변을 요구하는 것은 아니지만 무성의한 '예, 아니요' 식의 단답형 답변은 옳지 않다. 최종 합격 여부에 엄청나게 특별한 영향을 주지는 않지만 그래도 성의 있는 답변은 해야 한다.

〈41〉 지원한 기업에 관련된 질문을 받는 것은 좋은 해석일까?

YES.

면접에서 지원한 기업에 대해 추가로 질문을 받는 경우가 있다. 면접관마다 생각이 다르겠지만 필자의 경험상 면접 현장에서 만난 수많은 면접관들은 긍정적 의도를 두고 이러한 질문을 던졌다. "혹시 **사의 신축 공장이 어디에 있는지 알고 있나요?" "이번에 새롭게 개발사업에 들어간 ***에 대해 혹시 알고 있나요?" "우리 회사에 대해 아는 것 있으면 다 말해보세요." 이런 질문은 면접관 입장, 특히 현재 그 기업 직원의 입장과 면접관의 입장으로 지원자가 마음에 들면 물어봤던 질문이다. 때문에 면접 준비할 때 기업 분석과 기업 이슈, 정보 등을 공부해 두는 것은 중요하다. 애정이 있는 만큼 준비하게 되어 있다고 면접관은 생각할 수밖에 없다.

간혹 입사 소개나 지원 동기에 회사에 대한 내용을 잘 정리해서 자기 이야기로 풀어낸 지원자들을 볼 수 있다. 특히 이런 지원자에게 앞서 언급했던 기업관련 질문을 던져보면 극명하게 두 부류로 나뉜다. 제대로 분석해서 정확하게 말하는 지원자와 서류상 분명 적었기 때문에 알긴 아는데 명확하지가 않아서 답변을 망설이며 당황하는 지원자. 앞서 이런 유형의 질문은 면접관이 또 한 번 지원자를 확인하는 긍정적인 신호라고 언급했다. 이런 좋은 신호를 아깝게 놓쳐서는 안 된다. 거듭 강조하지만 내가 지원하고자 하는 기업에 대한 분석을 할 때는 하고 끝내는 것에 그치지 말고 핵심적인 내용은 확실하게 기억을 해야 한다.

〈42〉 만약 추가로 받은 기업 관련 질문에 대한 답변에 자신이 없다면 "죄송합니다"라고 사과의 말을 하고 그 상황을 마무리하는 것이 좋다.

NO.

면접장에서 사실 이런 상황을 많이 목격한다. 이때 쉽게 죄송하다는 인사와 함께 포기하는 지원자들이 있는가 하면, "면접관님 죄송합니다. 분명 공부도 많이 하고 준비를 나름대로 했는데 너무 긴장을 한 탓인지 기억이 나지 않습니다. 하지만 회사의 ***사안에 대해서는 확실하게 말씀드릴 수 있는데 답변의 기회를 주시겠습니까?" 혹은 "그 부분은 제가 미처 준비를 못했지만 오늘 면접이 끝나면 즉시 알아보겠습니다. 죄송합니다. 면접관님." 이처럼 진부하지만 포기하지 않는 모습을 보여주는 지원자도 있다.

면접관의 입장에서는 당연히 뒤쪽 지원자의 손을 잡게 되어 있다. 모든 면접관이 다 그런 것은 아니겠지만 41번 문항에서 설명했듯이 대부분의 면접관들은 기업과 관련된 질문을 다른 지원자들에게는 안 하는데 나에게만 했다? 그것은 긍정의 신호이고 기회임에 틀림없다.

〈43〉 압박면접, 스트레스 유발 질문을 하는 이유가 따로 있을까?

YES.

지원자가 마음에 들 때 한 번 더 확인해 보는 과정이기도 하다. 과연 내가 생각하고 있는 긍정적인 모습이 본연의 모습, 진짜 모습인지 확인작업을 하는 과정이라고 생각하면 되겠다.

예상치 못한 상황, 질문 등을 통해 지원자의 숨겨진 모습이 따로 있는지, 지금 면접관이 평가한 긍정적인 모습이 진짜인지 판별하는 과정에서 때로는 면접관이 웃음기 쏙 뺀 얼굴로 냉정하거나 혹은 그것을 넘어 압박하는 상황이 있을 수도 있다. 실제로 많은 지원자들은 이런 상황에서 당황하거나 본연의 모습을 드러내기도 한다.

요즘은 면접관을 상대로 이렇게 지원자의 거짓말, 거짓 행동을 판별하는 트레이닝을 하기도 한다.

그렇다면 이를 극복하기 위해 어떻게 하면 좋을까? 반복적인 연습, 지속적인 실전 모의면접만이 살길이다.

면접관들은 보고 듣는 평가를 넘어 엄청난 내공으로 지원자들을 상대한다. 면접장에서 면접관들에게 어떻게 평가받고 있는지 전전긍긍하지 말고 평소 면접 스피치 연습을 할 때 실전처럼 해야 한다.

〈44〉 시간 조절도 평가요소에 작용되나요?

YES.

당연하다. 예를 들어 1분 자기소개의 시간이 주어진다면 1분 내외로 많이들 준비를 한다. 이때 1분 내외라고는 하지만 1분이라는 주어진 시간을 넘기면 면접관은 "네, 그만. 시간 초과입니다"라고 말해준다. 물론 정말 기막힌 스토리로 면접관의 눈과 귀와 마음을 사로잡을 수 있다면 1분하고도 몇 초 정도 넘기는 것은 오케이. 하지만 비슷비슷한 자기소개를 몇 시간째 듣고 있는 면접관에게 지루하고 진부한 자기소개는 정말 지옥을 선사하는 것과 마찬가지다. 당연히 부정적일 수밖에 없다.

1분 자기소개라면 1분 미만으로 준비하자. "30초가량으로 답해주세요"라고 한다면 30초 미만으로 답변하자. 핵심만 전달한다고 생각해야 한다. 구구절절 뻔한 내용은 다 버려라. 그러다 핵심을 전달하기 전에 '그만. 시간초과'라는 말을 듣는다면 가뜩이나 긴장되는 면접장에서 지원자는 심리적으로 불리한 상황에 놓이게 된다.

실제로 필자가 진행했던 면접장에서 '30초 자기소개라면 30초 미만으로 해주세요'라고 공지하고 '1분 자기 소개라면 1분 미만으로 해주세요.'라고 공지했다.

면접관 입장에서 이런 경우 15~25초가량, 또는 30~45초가량의 답변이 가장 듣기 좋다.

〈45〉 면접관들은 "자신 있습니다."라는 말을 싫어한다?

YES.

근거 없는 자신감은 옳지 않다. 막연하게 '자신 있다, 확실하다, 뽑아주면 뭐든지 다하겠다, 열심히 하겠습니다.' 식의 발언은 차라리 안 하는 것이 좋다. 그런데 정말 면접 현장에서 이런 말을 하는 지원자가 매우 많은 게 현실이다. 도전, 열정, 젊음, 패기 등을 보여주고 싶은 마음은 알겠지만 모든 지원자들이 그러한 마음일 것이다. 무엇보다 면접관 입장에서는 막연하고 근거 없는 자신감으로 보이며 책임감도 없어 보인다. 도전, 열정, 젊음, 패기 등의 모습을 보여주고 싶어 이런 말을 꼭 하고 싶다면 조금 구체적으로 접근해서 준비하고 말을 하자. 어떻게 무엇을 해서 어떤 모습과 결과를 보여줄 것인지 구체적으로 말을 하자. 그래야 진정성이 느껴지고 면접관은 지원자의 가능성을 평가하게 된다.

〈46〉 서류 전형에서 이력서 양식에 차별화를 두면 눈에 더 잘 들어오기 때문에 유리하다.

NO.

서류 전형에서 탈락하고 싶다면 양식을 무시하고 지원하라. 독특하거나 차별화를 두고 싶어 자신만의 스타일로 이력서를 작성해서 지원하는 사람이 있다. 이는 엄청난 오류를 범하는 행동이다. 다 똑같은 서류들 속에서 눈에 띄고 싶고, 개성 있고 창의적인 사람이라는 평가를 받을 것이라는 생각에서 그렇게 하는 지원자들이 있다.

그러나 서류 전형에서 탈락하는 이력서의 유형 그 첫 번째가 바로 양식을 무시하고 임의적으로 선택한 양식으로 제출한 이력서다. 대부분의 기업은 자소서 양식을 제공하고 글자수를 정해준다. 그럼에도 불구하고 다른 양식으로 작성해서 제출한다는 것은 올바르지 못하다. 정해진 양식에 맞춰 면접관이 익숙하게 검토할 수 있도록 해야 한다.

〈47〉 다른 곳에 지원했을 때 썼던 자기소개서를 또 사용하면 안 되나요?

NO.

사용 못 할 것은 없다. 기업마다 자소서 항목은 차이가 있다. 그러나 핵심은 결국 비슷하기 때문이다. 다만 최소한의 예의와 노력은 있어야 한다. 기업명이라든지 지원 분야라든지. 먼저 지원했던 곳과 분명 다른 것들도 있을 텐데 아무 고민도 없이 그대로 복사해서 옮기기만 한다면 빛의 속도로 탈락이다.

사실 동시에 여기저기 지원하는 경우 글을 그대로 복사해서 옮겨 적는 지원자들도 제법 있다. 오타 검사는 둘째고 틀려서는 안 되는 것들이 발견되면 더 볼 것도 없이 탈락이다.

오직, 이 기업, 이 일만을 위해 지원한다는 특별함, 열정, 간절함, 적극적인 모습 등을 보여줘도 부족한 판에 이런 성의 없는 자세는 옳지도 않을 뿐더러 지원자 역시도 시간 낭비이다.

고민 없이 복사해서 재사용하는 것은 면접관 입장에서는 입사 의지, 열정 없음으로 해석된다.

〈48〉 면접관을 감동시키면 유리할까요?

YES.

할 수만 있다면 면접관을 감동시켜라. 이때 거짓말은 절대 해서는 안 된다는 것을 명심해야 한다. 혹자는 굳이 면접관을 감동시킬 필요까지 있냐고 할 수 있겠으나 거기서 거기, 비슷비슷한 답변들이 이어질 때 지원자만의 스토리가 담겨 있는 이야기는 신선하고 솔깃할 수밖에 없다. 이때 이왕이면 스펙, 직무와 연결되는 경험의 이야기가 좋다. 스토리가 없는 경험과 스펙은 감동을 줄 수 없고 직무와 무관한 경험과 스펙의 스토리는 아무 의미가 없다.

필자가 면접관일 때 이런 일이 있었다. '왜 지원을 했나요?'라는 동기 질문에 "고등학교 때 정말 친했던 친구가 교통사고로 사망을 했습니다. 그 친구의 꿈이 바로 ***이라는 직업이었고 특히 ***사는 선망의 기업이었습니다. 그 꿈을 대신 이뤄주고 싶어서 지원했습니다." 바로 다른 면접관의 추가질문이 이어졌고 그 지원자는 변변찮은 답변으로 얼버무렸다.

면접관은 귀신같이 안다. 거짓말은 절대 하지 말자. 그리고 면접관의 마음을 움직이고 싶다면 스펙, 직무와 연결된 경험이 담긴 이야기를 하라. 위의 사례처럼 본인이 지원하는 직무와 무관한 이야기는 아무 의미 없는 답변이다.

〈49〉 사투리를 쓰면 감점인가요?

NO.

절대 그렇지 않다. 오히려 사투리를 쓰지 않으려고 에너지를 과도하게 쏟다가 정작 중요한 것을 놓치는 지원자들을 왕왕 목격한다.

사투리가 본인 스스로 많이 신경이 쓰인다면 평소 지속적인 보이스 트레이닝을 통해 교정하길 권한다. 평소 안 쓰던 표준어를 면접 당일만 쓰려고 노력한다는 것은 지원자 본인에게 매우 불리한 상황을 만드는 것이다. 가뜩이나 긴장되는 상황에 신경쓸 것도 많은데 말투 하나하나, 억양 하나하나를 신경쓴다는 것은 말처럼 쉽지가 않기 때문이다.

〈50〉 자기소개서에서 면접관이 중점적으로 보는 것은 따로 있다.

YES.

자기소개서는 자서전이 아니다. 자기소개서는 최대한 객관적으로 나 자신을 보여주는 과정이다. 더 쉽게 말하자면, 왜 기업에서 나를 뽑아야 하는지, 입사 후 역량을 잘 발휘할지, 과연 도움이 될 인재인지 등을 평가하는데 근거를 먼저 제시하는 과정이라고 생각하라. 면접관은 지원자의 경험과 역량이 일과 연관이 있는지가 궁금하다. 그런 만큼 직무와 관련된 구체적인 경험들을 집중해서 본다. 그 경험 속에서 지원자의 역량을 예측, 평가하게 되고 궁금하면 면접을 통해 그와 관련된 질문을 하고 확인하게 되는 것이다.

다시 말해, 면접관은 지원자의 성장배경과 과정, 인생관, 포부 등이 절대적으로 궁금한 것이 아니다. 그런 만큼 자서전을 방불케 하는 구구절절 적어 내려가는 자기소개서는 좋지 않다.

〈51〉 선택받는 자기소개서는 공통점이 있을까?

YES.

앞서 50번 문항의 답변에서 알 수 있듯이 지원자의 역량을 예측, 평가하고 싶은 궁금증, 호기심을 유발하는 자기소개서는 분명히 있다. 그것은 바로, 단순한 호기심과 궁금증이 아닌 일을 잘할 것 같은, 직무에 적합한 인재라고 느껴지게 쓴 자기소개서를 말한다. 면접관의 의도를 알면 답이 보인다.

자기소개서는 면접을 볼 때 질문거리를 제공하는 DB라고 보면 된다. 그런 관점에서 접근해 보면 단순한 입사 의지가 아닌 직무와 관련된 경쟁력 있는 인재라는 것을 경험, 스펙이 담긴 스토리로 풀어내야 한다는 것이다.

〈52〉 인생이 걸린 면접인 만큼 자기 자랑은 할 만큼 하고 나오는 것이 좋다.

YES or NO.

틀린 말은 아니지만 너무 과한 자기 PR은 말 그대로 자랑을 하러 온 것이지 입사를 위한 면접을 보러 온 것이 아니다. 주어진 시간은 짧다. 그런 만큼 선택과 집중이 필요하다.

예를 들어 학업과 병행하면서 다양한 공부를 열심히 했고 매번 우수한 성적으로 자격증까지 취득한 경험을 말하고 싶다면 직무와 관련된 자격증만 언급하면 된다. 양으로 승부하지 말고 질로 승부하자. 불필요한 자격증까지 다 말하다가 정작 해야 할 말을 못하게 된다.

〈53〉 극장 알바, 편의점 알바 등 알바 경험은 경력사항에 안 적는 것이 좋다.

YES or NO.

극장 아르바이트, 편의점 아르바이트 경험은 경력사항에 적는 것이 좋다.

그러나 극장 알바, 편의점 알바 등과 같이 줄임말을 적는 것은 좋지 않다. 그러니까 여기서 문제가 되는 것은 어떤 경험을 했느냐가 아니라 그 경험을 어떻게 표현했느냐이다.

많은 지원자들이 지원서에 줄임말, 은어, 신조어 심지어 이모티콘을 적기도 한다.

아무리 시대가 변했다고는 하지만 면접은 진중한 과정이다. 사소하지만 놓치는 것들은 없는지 작성 후 꼼꼼하게 여러 차례 읽어볼 것을 추천한다.

그리고 팁을 하나 더 주자면 극장 아르바이트 경험을 '고객 응대 서비스'라고 표현하거나 편의점 아르바이트를 '매장상품 관리와 고객 응대'라고 달리 표현해 보자. 표현의 차이가 결과의 차이로 이어질 수도 있다.

〈54〉 스펙이 훌륭하면 면접을 못 봐도 합격할 수 있다.

NO.

스펙이 아무리 좋아도 면접장에서 아무 말도 못하거나 성의 없는 답변을 한다거나 동문서답을 한다면 결과는 좋지 않다. 누가 봐도 훌륭한 스펙이라면 서류에서 쉽게 합격은 할 것이다. 그러나 면접장에서는 지원자의 열정이나 의지, 기업을 향한 관심과 애정, 간절함, 성실함, 인성 등이 언어적 요소보다는 비언어적 요소로 평가되기 때문이다.

언어적으로 이력서와 자기소개서에서 높은 점수를 받고 서류 전형을 통과했다면 면접에서는 그 내용을 검증하는 자리라고 보면 되겠다. 서류상 기업에 대한 간절함과 일에 대한 열정이 확실하다고 하여도 면접장에서 보여지는 불성실한 태도와 횡설수설, 동문서답의 지원자로 논리적이지 못하다면 어쩔 수 없다. 이렇게 두 과정이 불일치하면 면접 점수가 당락을 결정하게 된다. 사람은 내가 본 것에 대해 더 큰 확신을 갖게 되어 있다. 그래서 면접이 중요한 것이다.

〈55〉 아나운서처럼 말하면 합격이다.

YES or NO.

내용도 좋은데 지원자의 스피치 능력까지 뛰어나다면 당연히 결과는 긍정적일 것이다. 신뢰감 있는 목소리와 정확한 발음, 지루하지 않은 표현력으로 면접 스피치를 한다면 높은 점수를 받을 수 있다. 그러나 흉내는 내지 말자. 면접은 대화. 지원자와 면접관의 양방향 커뮤니케이션인데 무슨 아나운서가 뉴스를 하는 것처럼 외워온 답변을 술술 읊기만 한다면 좋은 점수를 줄 수 없다. 오히려 부정적인 영향을 준다.

면접 관련 학원에서 트레이닝을 잘못 받고 오거나 스터디를 할 때 잘못된 피드백으로 인해 마치 뉴스를 하듯 면접을 치르는 지원자들이 제법 있다.

방송사 면접, 아나운서를 뽑는 자리가 아니다. 발음이 다소 부정확하더라도 진정성이 느껴지는 대화식 면접이 훨씬 더 유리하다.

〈56〉 면접관을 웃기면 결과도 좋다.

YES or NO.

자연스럽게 웃음을 유도한다면 괜찮다. 자신감 있고 여유 있는 지원자의 경우 간혹 진정성은 물론이고 유머까지 적절히 활용하면서 답변을 이어 나가는 이도 있다.

면접관도 사람인지라 장시간 면접으로 심신이 지쳐 있을 때 이런 자연스러운 상황이 유쾌하기도 하고 분위기 전환도 되어 반가울 때가 있다. 하지만 일부러 면접관을 웃기려고 애쓰는 지원자가 간혹 있다. 약간의 유머, 자연스럽게 터져 나오는 웃음이 아닌 억지로, 일부러 웃음을 유도하려 웃기려는 언행은 하지 말자.

코미디언을 뽑는 자리가 아니지 않은가. 진중한 자리에서 나 자신을 가볍게 보여 좋을 것은 없다.

〈57〉 기업의 인재상과 지원자의 모습이 다르면 불합격된다.

YES.

그럴 확률이 높다. 기업은 인재상을 통해 조직이 장기적으로 육성하고 싶은 인재의 모습을 보여준다. 그리고 인재상을 통해 기업이 현재 가장 중요하게 여기는 조직의 핵심가치와 기업이 원하는 역량이 무엇인지 명시해 준다. 요컨대, 핵심가치와 요구 역량의 조합을 인재상이라고 말할 수 있겠다.

따라서 지원자의 모습이 취업하려는 기업의 인재상에 가까울수록 합격 확률이 높아진다. 그런 만큼 지원하는 기업의 인재상을 통해 기업이 추구하려는 핵심가치와 지원자에게 요구되는 역량을 동시에 잘 파악해야 한다. 그리고 핵심가치와 마찬가지로 인재상을 자기소개서에 최대한 연계시켜 적는 것이다. 물론 면접을 볼 때도 그 인재상의 요소들을 나의 모습과 잘 연계하여 표현해 주면 유리하다.

〈58〉 지원 기업의 입사지원서 양식은 무조건 다 채워야 한다.

YES.

당연히 빈칸 없이 다 채운 지원자가 유리하다. 어떠한 형태의 지원 서류라도 지원하는 회사에서 요구하는 항목을 가득 채우는 노력은 있어야 한다. 이때 의미 없는 칸 채움이 아닌 직무수행에 필요한 능력과 관련된 경험을 적어야 한다.

면접관들은 지원서를 바탕으로 질문을 한다. 하지만 면접의 기회는 서류 전형 이후다. 따라서 일단 서류 전형에서 붙고 봐야 하지 않겠는가.

생각해 보자. 빈칸이 있는 지원 서류와 빈칸이 없는 지원 서류. 본인이 관계자라고 한다면 당연히 어떤 지원자를 합격시키겠는가.

예를 들어 자격증을 요구하는 항목에 직무와 연관된 자격증이 있으면 좋겠지만 만약 없다면 운전면허증이라도 적어야 한다는 말이다.

〈59〉 '~일 것 같습니다.'의 표현은 겸손함이 느껴져서 인성 평가에 도움이 된다.

NO.

면접관으로서 필자가 가장 듣기 싫어하는 표현 중 하나가 바로 '~일 것 같습니다'이다.

확신이 결여된 표현이다. 어떤 질문이든 "~같습니다' 식으로 답을 하는 지원자가 상당히 많다. 다소 겸손한 느낌을 표현하고 싶은 마음에서 그렇게 말하는 것인지는 몰라도 잘못됐다.

지원자의 생각을 묻는 질문에 '~같다'의 말은 그럴 수도 있고 아닐 수도 있다는 확신이 없는 표현이다. 자기 주장, 확신, 자신감이 없는 표현이니 쓰지 않는 것이 좋겠다.

〈60〉 증명사진은 서류 전형의 합격, 불합격에 영향을 준다.

YES.

서류 전형에서 사진을 제외시키는 기업도 늘고 있다. 그러나 여전히 많은 기업에서 인적사항 기재 시 사진은 기본이 되고 있다. 서류 전형에서 인사 담당자, 면접 담당자와 첫 대면을 하게 되는데 이때 좋은 이미지는 당연히 유리하다. 단정한 옷차림과 머리 모양, 그리고 표정 등 전반적인 이미지를 보게 된다. 종종 치아가 훤히 드러나게 웃는 사진을 사용하는 지원자도 있는데 입꼬리가 살짝 올라가는 정도의 미소면 좋겠다.

입사 지원 서류에 첨부한 지원자의 사진은 서류 전형 합격 판단 기준에서 중요한 요소임에 틀림없다. 서류 합격 인원이 정해져 있는데 동점자가 있다면 결국 사진으로 판단하게 되는 경우가 있기 때문이다. 다른 관점에서 보면 서류 전형에서 걸러진 지원자는 다음 단계인 면접과정에서 조직문화나 기업에서 추구하는 인재상, 기업과 어울릴 것 같은 지원자를 확인하는 과정을 거치게 되는 것이다. 사진 때문에 합격에 유리하다고 생각하지 말고 사진 때문에 떨어질 수도 있다고 생각하자.

덧붙여 하고 싶은 말이 더 있다. 성의 없는 셀카 사진은 사용하지 말자. 그리고 과도한 보정 사진도 사용하지 말자. 이는 오히려 악영향을 준다. 채용 면접에서는 예쁘고 잘생긴 사람을 뽑는 것이 아니다. 입사 지원 서류에 기재된 사진과 달라도 너무 다른 지원자는 감점요인이 될 수도 있다는 것을 명심하자.

팁을 주자면 두 번 이상 증명사진을 찍어보는 것을 권한다. 지원서에 기재할 증명사진은 면접장에서 보여질 자신의 모습 그 축소판이라는 것을 생각하자. 먼저 좋은 이미지로 사진을 잘 찍은 다른 사람들의 사진을 참고해 보자. 표정과 눈빛, 복장과 자세, 헤어스타일 등을 벤치마킹하고 사진관 정보도 공유하면 도움이 될 것이다.

〈61〉 취미, 특기와 관련된 내용은 혼자보다는 여러 사람이 함께 어울려서 하는 것이 좋은 점수를 받는다.

NO.

꼭 그런 것만은 아니다. 물론 혼자 즐기는 것보다 여러 사람이 함께 즐기는 것이 대인관계능력 평가에도 긍정적일 것이다. 입사 이후 조직활성화, 팀빌딩, 소통 커뮤니케이션에 유리하겠다고 생각하게 될 테니 말이다. 또 이왕이면 지원하는 직무의 능력과 관련되는 취미라면 더할 나위 없이 좋을 것이다. 그러나 이 또한 뻔한 답변들이 너무 많다.

결국 나만의 스토리가 있는 답변이라면 혼자 즐기는 취미이든 여럿이 함께 어울리는 취미이든 상관이 없다는 말이다.

예를 들어보겠다. 평소 관계지향형으로 활발한 성격 덕분에 다양한 동아리와 모임이 많고 또 리더의 역할을 수행하고 있는 지원자가 있다. 그 지원자는 혼자 사색하는 시간이 필요한 것 같아 건강도 챙길 겸 등산을 주말마다 했다고 한다. 자연 속에서 계절의 변화를 느끼는 순간이 짜릿했고 그렇게 정신적 건강과 신체적 건강을 모두 챙길 수 있었다고 한다. 그뿐만이 아니라 등산을 하면서 느낀 감정들을 글로 표현했는데 얼마 전 **공모전에서 신인작품상을 타기도 했다고 한다.

어떤가. 결국 자신만의 스토리가 가장 큰 무기가 된다.

〈62〉 피부가 좋다면 굳이 화장을 하지 않고 민낯으로 면접에 임해도 무
방하다.

NO.

아무리 민낯에 사진이 있다고 해도 면접장에 민낯으로 가는 것은 면접 매
너가 아니다. 그리고 화장을 하고 온 다른 지원자들과 비교가 되기 때문에
상대적으로 생기가 없어 보이거나 아파 보일 수도 있다.

과도한 화장, 개성 강한 화장보다는 자신의 결점을 보완하여 이미지를 좋
게 만들어줄 수 있는 화장을 하는 게 좋다. 요즘은 남성 지원자들도 기본적
인 그루밍을 하고 면접에 임한다. 눈썹 정리와 손톱은 물론이고 가벼운 피부
보정과 립밤 정도로 보다 또렷하고 건강한 이미지를 전달하려고 노력한다.

〈63〉 면접장에 시계는 차고 가는 게 좋다.

YES.

시계를 찬 모습은 준비된 사회인의 이미지와 시간 개념이 있는 사람으로
보일 수 있다. 또한 지적이고 스마트한 이미지 연출에 시계가 좋은 아이템
으로도 쓰인다. 다만 브랜드 로고가 너무 커서 눈에 들어온다거나 지나치게
큰 시계, 화려한 색상이나 디자인의 시계는 피하는 것이 좋다.

〈64〉 면접관들이 가장 중점적으로 보는 것은 직무역량인가요?

YES.

정답이다. 그리고 당연하다. 면접관들이 가장 많이 보고 1순위로 보는 것
도 직무역량이다. 직무와 관련되어 적합한 인재인지, 직무를 대하는 태도는
어떠한지, 직무와 관련된 경험은 있는지, 직무에 대한 관심과 이해도는 어
떠한지 등 면접관들이 1순위로 보는 것은 직무 적합성, 직무역량이다.

참고로 2순위는 조직 적합성, 협업 역량, 팀워크, 커뮤니케이션, 조직 경험과 이해 등이다. 3순위는 기업 적합성이다. 기업에 맞는 인재상인지 지원한 동기가 무엇인지, 지원한 기업에 관해 얼마나 지식을 갖고 있는지 등을 보게 된다.

그래서 계속 반복적으로 하게 되는 말이 바로 직무와 관련된 경험을 하라는 것이다.

자기소개서에서 면접관들은 지원 동기와 입사 포부를 집중적으로 보게 되는데 특히 지원 동기에서 회사나 직무에 관련된 내용은 매우 유리하다. 또 아르바이트를 하더라도, 취미나 특기 역시도 지원하고자 하는 직무와 연관이 있다면 이력서와 자기소개서의 내용이 의미 있게 채워질 것이고 결국 그 지원자의 입사 서류가 면접관의 눈에 들어오게 된다.

〈65〉 이력서가 자기소개서보다 더 중요한가요?

YES or No.

서류전형에서 가장 많이 보는 것은 바로 이력서다. 자기소개서까지 꼼꼼하게 모든 지원자들 것을 다 읽고 평가한 뒤 서류전형 필터링을 한다는 것은 물리적으로 많은 어려움이 따른다. 물론 지원하는 기업이 작거나 지원자가 극소수일 경우는 가능할 수 있겠다. 그러나 대기업의 경우 서류전형에서 수만 명의 지원자가 몰리는데 그 많은 자기소개서를 다 읽는다는 것은 사실상 어렵다.

자기소개서를 읽게 하고 싶다면 먼저 이력서를 잘 쓰는 게 맞다.

〈66〉 인사 담당자, 면접관은 자기소개서 평가 시 앞부분만 본다.

YES or NO.

꼭 앞부분만 보는 것은 아니지만 임팩트 있는 자기소개서, 면접관의 눈을 더 긴 시간 끌 수 있는 자기소개서의 비밀이 앞부분에 있는 것은 사실이다. 자기소개서의 첫 줄, 제목, 슬로건, 헤드라인을 잘 살려라. 그것이 강력한 무기임에 틀림없다.

그 많은 사람들의 자기소개서를 꼼꼼하게 다 읽을 수는 없다. 매력적인 제목과 서두는 자기소개서 전체의 요약이다. 앞부분에 임팩트가 있고 더 읽고 싶은 호기심을 자극했다면 성공이다.

〈67〉 기업에서 뽑으려는 우수한 인재는 스펙이 좋은 잘난 인재이다.

NO.

테니스 경기를 하러 가야 하는데 누가 봐도 탐나는 유명 브랜드의 고가 가죽 구두를 신어야 할까,

아니면, 좋은 결과를 얻기 위해 편안하고 기능성 있는 맞춤형 테니스 운동화를 신는 게 나을까.

마찬가지다.

우수한 인재는 잘난 사람이 아니라 그 기업과 그 직무와 그 조직과 잘 맞는 사람이다.

다시 말해서 화려하고 다양한 스펙과 경험, 자격증을 갖고 있는 사회적 시선으로 본 잘난 사람보다는 해당 직무에 맞는 스펙과 경험과 자격증을 소지한 사람이 기업 입장에서 볼 때 우수한 인재라는 말이다.

한마디로 기업은, '잘난 사람'말고 '필요한 사람'을 원한다.

〈68〉 서류 전형 시 자기소개서 작성의 내용이 적으면 불리하다.

YES.

당연하다. 서류를 검토하면서 흔히 하는 말이 있다. '붙을 사람을 찾는 게 아니라 서류 전형에서는 떨어질 사람을 찾는다.'라고. 잘 쓴 자기소개서를 뽑는 게 아니라 못 쓴 자기소개서를 골라낸다고 생각하자. 이상하게도 실수한 것들이 더 잘 보이기도 한다. 앞서 언급했던 다른 회사에 지원할 때 썼던 내용을 수정하지 않고 그대로 복사해서 사용한 경우, 그렇게 회사 명칭이나 조직명을 틀린 경우가 가장 잘 보인다. 그 뒤를 잇는 것이 바로 분량 부족이다.

너무 넘치게 나열식으로 주저리주저리 쓰다가 정작 해야 할 말을 못 채운 지원자도 있다. 80%가량 채울 것을 권한다.

더불어 미사여구, 추상적인 표현은 쓰지 말자. 다시 한번 강조하지만 은어, 맞춤법, 이모티콘 역시도 사용하지 말자.

〈69〉 불합격한 이유를 알 수 있을까?

NO.

인사 담당자든, 면접관이든 절대 불합격 사유를 말할 수 없다. 문의 전화를 하는 사람, 게시판에 글을 올리는 사람, 민원을 제기하는 사람 등 실제로 불합격을 수용할 수 없어 이의를 제기하는 사람들이 있다.

면접이 끝난 이후 지원자가 무엇을 해도 상황은 바뀌지 않는다.

순수하게 불합격 이유를 파악해서 개선한 뒤 재도전을 하려는 사람들도 있을 것이다. 물론 그 심정은 이해하지만 다 불필요한 일이다. 친절하게 불합격 사유를 알려줄 이유도 없고 그렇게 하지도 않기 때문이다. 거듭 말하지만 면접이 끝나면, 무엇을 해도 유리하게 상황을 바꿀 수 있는 일은 전혀 없다.

〈70〉 면접관들은 지원자 편이 아니다.

YES.

엄밀히 말하자면 기업 편이다. 기업의 인재, 직무를 잘 수행할 인재, 기업에 도움이 될 꼭 필요한 사람을 뽑아야 할 의무를 갖고 있지만 이는 달리 표현하자면 기업에 불필요한 인재, 직무를 잘 수행하지 못할 것 같은, 기업에 해를 끼칠 것 같은 사람이 입사하는 것을 미연에 막는 역할을 해야 하는 것이 바로 면접관들이기 때문이다.

명심하자. 면접관은 지원자 편이 아니다. 기업의 이익과 안녕을 우선시하는 사람들이라는 것을.

〈71〉 면접관은 말보다 행동을 주시한다.

YES or NO.

보통 면접관들은 말의 내용보다 전반적인 행동을 주시한다. 일단 먼저 보고 들리는 말을 듣는다. 그래서 단어 선택이나 표현력들이 중요하다. 다른 지원자들이 답변을 할 때도 아무 생각 없이 앉아 있으면 안 되는 이유도 바로 여기에 있다. 계속 지켜보고 있기 때문이다.

지원자는 말을 하지만 면접관은 일단 본다. 이후 관심있으면 듣는다. 물론 모든 면접관들이 다 그렇다고 말할 수는 없지만 대부분 그러하다. 그만큼 첫인상이나 이미지가 중요하다고들 강조하는 것이다.

참고로 기업마다 면접 진행에 다소 차이가 있는데 최근 필자가 면접 심사를 진행했을 때는 총 3명의 면접관이 역할을 나누어 진행하기도 했다. 직무 관련 관계자는 말의 내용을 평가하고, 필자는 답변 시 행동을 평가하고, 또 다른 면접관은 거짓말을 하는지, 심리상태는 어떤지 등을 평가했다.

〈72〉 진짜 자신감과 가짜 자신감을 면접관들은 파악할 수 있을까?

YES.

면접관들의 내공은 굉장하다. 심지어 면접관은 귀신같이 다 안다고들 한다. 요즘은 외부에서 각종 전문가들이 면접관으로 투입되고 있고, 또한 기업 내 인사 담당자나 면접관들 역시도 면접 관련 강의와 트레이닝을 많이들 받고 있다. 필자 역시도 면접관 대상으로 제대로 된 인재 채용을 위한 면접관 전문 트레이닝 교육을 진행한다. 이때 가장 중점적으로 코칭하는 것 중 하나가 바로 거짓말 지원자 찾아내기, 가짜 답변, 연기하는 지원자 등을 판별해 내는 능력을 트레이닝하기도 한다.

압박 질문이나 예상치 않았던 질문, 돌발상황들이 면접장에 생기면 아무리 연습으로 단련된 지원자라 해도 순간적으로 본모습이 드러난다.

확실하게 해줄 수 있는 말은 이것이다. "자신감과 신뢰가 지원자 내면에 꽉 차 있다면, 어떤 상황, 어떤 질문이 이어져도 그 내면의 목소리와 행동은 큰 흔들림 없이 면접관에게 전달된다. 가짜 자신감이 아닌 진짜 자신감을 키워라."

〈73〉 지원자의 과거, 현재, 미래 중 면접관은 과거에 집착한다.

YES.

집착이라는 표현이 과한 듯 싶지만 면접관은 이력서와 자기소개서 내용을 바탕으로 지원자를 판단한다. 성장과정과 직무 경쟁력 등은 과거의 이력과 경험 등을 통해 알 수 있으며 지원 동기와 회사 이슈 등으로는 현재를 파악할 수 있다. 지원자의 미래는 자기소개서에 적혀 있는 포부 등을 통해 유추할 뿐이다. 따라서 면접관들이 가장 중점적으로 볼 내용은 과거이고 그 경험을 통해 어떤 성과들을 만들어냈는지 알게 되는 것이다. 따라서 과거의 경험을 믿는 것이다.

아무리 지원자가 청산유수로 지원 동기를 말하고 앞으로 어떠한 자세로 일을 잘할 것인지 자신 있게 강조한다 하여도 결국 면접관이 믿는 것은 지원자의 과거, 더 정확하게는 과거 어떠한 노력의 경험들이 있었는지, 그 경험과 과정의 결과들로 인해 입사 후 과연 일을 잘할 수 있는지 등에 대하여 경험을 통한 직무역량, 이것을 보는 것이다.

지원 동기와 포부 역시도 과거의 경험을 기반으로 준비해서 현재와 미래를 이야기할 때 면접관을 더 잘 설득할 수 있다.

요컨대, 직무역량을 과거형으로 말하면 그와 관련된 경험을 다양하게 했다는 적합한 인재로 어필이 되고, 직무역량을 현재형으로 말하면 직무에 준비된 인재가 된다. 마지막으로 직무역량을 미래형으로 말하면 입사 포부가 되는 것이다.

〈74〉 면접 질문 시 답변은 신속하게 하는 것이 중요하다.

NO.

질문이 떨어지기가 무섭게 답변하는 지원자들이 있다

이는 긴장도가 높을수록 심하고 또 본인이 준비한 내용의 질문이 나왔기에 하는 실수이다. 아무리 떨리더라도 혹은 준비된 질문이라 반가운 마음이 들더라도 조심하자. 그리고 준비한 답변을 까먹기 전에 어서 말해야 한다는 생각에 서둘러서 답변하는 경우도 많은데 역시 좋지 않다.

일명 총알 답변에 면접관들의 반응은 거의 비슷하다. '외워왔군' 이는 진정성과 진실성을 의심받게 되며 성격이 매우 급한 사람이라는 이미지를 각인시킬 수 있다.

암기한, 준비한 내용의 질문을 받았다 해도 너무 반가운 티를 내지도 말고, 다소 침착하고 여유 있는 미소를 유지하며 1초가량의 쉼을 갖고 난 뒤 "예, 답변 드리겠습니다"라고 말한 뒤 답변을 해보자.

〈75〉 입사 포부에 대한 답변 시 지극히 개인적인 답변은 피하는 게 좋다.

YES.

지극히 개인적인 답변은 하지 말자. 포부는 직무에 대한 역량과 열정을 강조하는 마무리이다.

끝까지 직무와 관련지어 풀어내야 한다. 만약 개인적인 포부를 직무와 잘 연관지어 자연스럽게 전달할 수 있다면 괜찮다. 내가 강조할 직무역량을 확실하게 정리하고 난 뒤 개인적인 포부까지 연관지어 어떻게 마무리할 것인지 구체적으로 고민을 해야 한다. 결코 쉽지 않은 작업이다.

〈76〉 서류 지원 시 이메일 주소에 신경을 써야 한다.

YES.

이메일로 서류를 제출할 때 이메일 주소, 아이디에 신경을 쓰자. 작은 차이지만 미리 신경을 쓰면 좋겠다. 지원자의 이미지에 영향을 줄 수 있기 때문이다.

이메일 주소뿐 아니라, 닉네임까지도 살펴보길 권한다.

본인의 이름을 소리나는 대로 자판에 쓴 아이디, 은어나 속어를 뜻하는 아이디, 의미 없이 너무 긴 아이디, 폭력적이거나 지나치게 유치한 이메일 주소, 아이디, 닉네임 등은 이미지메이킹에 부정적 영향을 줄 수 있다.

〈77〉 취업 캠프, 취업면접 학원 등의 언급은 피하는 게 좋다.

YES or NO.

면접관이 묻지도 않았는데 먼저 말할 필요는 없다.

필자 역시도 면접을 완벽하게 소화해 내는 지원자가 있을 때 종종 "면접 학원을 다녔나요?" "취업 캠프 경험이 많나요?" 등의 질문을 한다.

만약 이런 질문을 받게 된다면 당황하지 말자. 그리고 거짓말까지 할 필요도 없다.

'약간의 도움을 받았다.' '그곳에서도 피드백이 항상 좋았다.' '더욱 열심히 할 수 있는 동기 부여가 되었다.' 이 정도로만 말해도 된다.

면접관이 묻지도 않았는데 취업 캠프와 면접 학원 경험들을 불필요하게 말하게 되면 둘 중 하나다.

지원자를 향한 면접관의 태도가 부정적일 때 "그런 경험이 있는데도 이래? 아니, 배웠는데 이 정도야?"

지원자를 향한 면접관의 태도가 긍정적일 때 '어쩐지, 훈련받았구나.'라고 생각한다. 이후 객관적 형평성을 위해 일정 부분을 감안하고 다시 지원자의 진면목을 파악하려 한다. 이때 불이익을 받지 말란 보장이 없다. 당락, 결과에 변수가 될 수도 있다.

〈78〉 채용 면접의 실무적 과정의 핵심은 우수한 인재를 찾는 과정이다.

YES or NO.

채용 면접에서는 당연히 직무역량을 갖춘, 입사 후 일을 잘할 수 있는, 그야말로 우수한 인재를 뽑아야 한다. 하지만 이는 다른 관점(회사, 기업)에서 접근해 볼 때 '입사 후 문제가 될 만한 지원자를 추려내는 과정'이기도 하다.

실제로 필자가 면접관으로 임했을 당시 공지사항 중 하나가 '입사 후 회사에 피해를 줄 것 같은 지원자를 가려주세요'라는 내용도 있었다. 다시 말해서 기업과 회사, 조직에서는 입사 후 문제가 있을 만한 지원자를 채용하지 않는다. 이는 곧 인성을 많이 본다는 말이기도 하다.

결국 우수한 인재를 한마디로 정의하자면, '인성이 좋은 직무역량을 갖춘 지원자'가 되겠다.

그렇다면 '인성이 좋은 직무역량을 갖춘 지원자'를 어떻게 판단할까? 바로 면접 시 답변을 하는 지원자의 목소리, 표정, 시선, 자세 등을 보고 판단하게 된다. 답변의 내용도 중요하지만 사실 그보다 더 중요한 것은 비언어적 요소인 태도가 되겠다.

면접관은 보이는 것과 그 느낌으로 일단 판단한다. 특히 얼굴은 영혼의 통로라고 했다. 얼굴 표정만 봐도 면접관들은 많은 것을 판단한다. 표정관리의 중요성은 몇 번을 강조해도 부족할 정도이다. 평소 좋은 표정을 만들기 위해 노력하자.

〈79〉 "편하게 앉으세요"라는 면접관 말은 함정이다.

YES or NO.

긴장감을 풀어주기 위한 면접관의 배려는 맞다. 하지만 내 집처럼 긴장감제로의 편안한 자세를 취하라는 말은 아니다. 하지만 정말 면접관의 말이 떨어지기가 무섭게 즉각 편안하게 자세를 고쳐 앉는 지원자들도 제법 많다.

면접관보다 더 편안하게 일명 사장님 자세로 의자 등받이에 등 허리를 기대고 다리는 앞으로 쭉 내밀더니 팔걸이에 손을 툭 올리는 등 정말 가관인 지원자들도 경험상 있었다.

우리는 '면접을 본다'라고 말한다. 바로 그 말에 정답이 있다. 면접관은 지원자가 보여주고자 하는 것을 보지 않고 면접관 눈에 '보이는 것'으로 평가한다.

간혹 자연스럽지 못한, 그러면서도 지나치게 손 제스처를 답변 내용에 맞춰 여기저기 많이 쓰는 지원자도 있다. 물론 계획적으로 준비한 것일 테지만, 이 역시도 면접관들은 좋게 보지 않는다.

첫째, 둘째, 셋째 말을 하면서 손가락 수에 변화를 둔다거나 모든 문장의 처음과 끝에 손으로 강조하는 제스처를 한다거나 하는 계산된 모습은 오히려 자신감이 아닌 자기 주장이 강한 느낌과 면접관을 설득하려는 느낌을 주게 된다.

또 면접관과 눈도 한번 마주치지 않는 지원자도 있다. 아무리 답변의 내용이 좋고 스펙이 훌륭하다 해도 자신감 결여, 소심함은 물론이고 커뮤니케이션 능력, 대인관계능력이 없어 보이기 때문에 조직생활에 문제가 된다고 판단한다. 명심하자.

면접관은 일단 본다. 그리고 귀에 들어오는 게 있으면 듣는 게 면접이다. 결국 귀보다 먼저 눈을 더 믿는다. "편하게 앉으세요"라고 하는 말의 의도를 파악하자.

〈80〉 특별한 경험도 없고 평탄한 삶을 살다 보니 다른 지원자들과 큰 차별성이 없는데 이럴 때 자기소개서 작성 시 도움이 될 만한 조언이 있나요?

YES.

경험을 대하는 태도를 바꿔보자. 아무것도 아니었던 경험도 다른 관점과 태도로 대하면 매력적인 자기소개서를 작성할 수 있다. 화려하고 솔깃한 거짓말보다 태도를 달리한, 관점의 변화를 달리한 과거의 경험이 면접관에게 더 새롭게 전달되어 감동을 줄 수 있고 결과적으로 나라는 사람에 대한 가치와 설득력도 더 높아진다.

〈81〉 면접 대기시간에도 지원자는 평가받고 있다.

YES.

면접 진행자들이 합격시켜 줄 수는 없어도 불합격시킬 수는 있다. 이 얼마나 무서운 말인가. 이유는 간단하다.

면접은 면접장에서만!이라는 생각은 지원자들의 착각이다. 면접을 진행하는 직원들도 대부분 인사 담당자들이다. 충분히 면접에 영향을 줄 수 있다.

실제로 면접관들이 "대기 중일 때 어때요?"라는 면접장 밖, 대기 중인 지원자들의 태도 등에 대한 질문을 하기도 한다. 이때 좋지 않은 부정적 피드백이 있다면? 그렇다. 결과에도 부정적인 영향을 줄 수 있다.

또한 면접관들이 화장실을 다녀온다거나, 혹은 잠깐 스트레칭을 위해 움직이면서 의도치 않게 지원자들과 접촉하거나 마주할 때가 있다. 그만큼 '면접장 밖 또한 면접이고, 대기시간에도 지원자의 태도는 평가되고 있다'라고 생각하자.

〈82〉 면접 스터디는 나를 잘 아는 친한 사람들과 하는 게 좋다.

NO.

친한 사람과 같이 스터디를 하면 처음에는 좋다. 같은 목표를 갖고 생산적인 모임을 정기적으로 갖는다는 게 얼마나 재미있고 좋겠는가. 하지만 냉정하게 추천하지 않는다.

일단 긴장감이 없다. 면접에서 면접관은 처음 만나는 아주 낯선 사람들이며 지원자들을 긴장시키는 사람들이다. 그런 면접관 앞에서 평정심을 유지하며 침착하게 답변하는 연습을 해야 하는데 나를 잘 알고 친한 사람들 앞에서는 절대 효과를 볼 수 없다.

적당한 긴장감이 필요하다. 그리고 나를 잘 모르는 사람들일 때 객관적으로 평가도 해줄 수 있다. 그래야만 모의면접 스터디를 할 때 자신이 몰랐던 습관이나 단점 등을 예리하게 찾아줄 수 있다. 필자는 스터디를 오래 함께한 조직이라면 다시 새롭게 새로운 인물로 구성하라고 조언하곤 한다. 처음에는 낯설었던 사람들과 계속해서 만남이 이어지다 보면 자연스럽게 친해지고 어느 순간 객관성을 잃게 된다. 결국 스터디에 도움이 되지 않는 피드백만 주고받는 경우가 있기 때문이다.

친한 사람들과 스터디를 결성한 지원자들이 하나같이 하는 고민 중 대표적인 것이 '실력이 늘지 않는다'이다. 이 고민을 해결하고 싶다면 별로 안 친한 사람, 낯선 사람들과 스터디를 하는 게 좋지 않을까?

〈83〉 입사지원서에 적은 내용과 똑같이 면접 답변을 해도 된다.

YES.

내용은 같더라도 말로 어떻게 표현하느냐에 따라 느낌은 다르다. 다만 지원서에 적힌 내용을 완벽하게 외워서 똑같이 말하는 것은 좋지 않다. 원고를 달달 외워서 웅변을 하듯 감정 없이 말만 하는 지원자들도 있다. 이는 감점 대상이다. 면접은 혼자 말하는 자리가 아니라 양방향 커뮤니케이션의 자리이다. 키워드 정도만 외우는 것을 추천한다. 그리고 대화하듯 감정과 표현력을 살려서 말하자. 절대 외워서 말하는 듯 하지 말자. 이런 경우 흔히들 말의 속도도 빨라진다. 전달력도 떨어진다.

〈84〉 1차 면접에서 받았던 질문을 2차 면접에서 또 받았는데, 이럴 때 대답을 다르게 해야 한다.

NO.

질문 하나에 다른 성격의 답변을 준비해 둔 상태라면 똑같은 질문을 받았을 때 새로운 답변을 해도 되겠지만, 굳이 답변 내용을 바꿀 필요는 없다.

특히나 면접관이 1차와 2차 때 다른 사람이라면 더욱 그럴 필요가 없다. 만약 면접관이 동일 인물이라면 내용은 달라지지 않아도 대답의 방향을 약간 달리한다거나 1차 때 답변보다 더욱 구체적으로 말해도 좋다.

〈85〉 집단 면접(단체 면접)을 볼 때 면접관이 상대적으로 나에게 질문을 안 하는 이유는 나를 싫어하기 때문이다.

NO.

싫어한다기보다는 확인하고 싶은 것이 없거나 궁금한 것이 없다는 표현이 더 맞겠다. 이는 면접 질문의 기본이 되는 이력서와 자기소개서에 문제가 있는 것이 분명하다.

　이력서와 자기소개서를 보면서 면접관들은 질문을 하고 직무에 맞는 인재인지 확인한다. 그 과정에서 너무 뻔한 내용이거나 전혀 궁금하지 않은, 혹은 불필요한 내용이라면 당연히 질문으로 이어지지 않는다. 이런 경우 공통 질문 이외에 거의 질문을 못 받게 된다.

　면접관의 관심을 사고 싶다면, 질문을 받고 싶다면 직무와 관련된 나 자신만의 경험이 담긴 이야기를 이력서와 자기소개서에 작성하라. 면접관들은 비슷비슷하고 뻔한 내용의 이력서와 자기소개서를 꼼꼼하게 봐줄 사람들도 아니고 일단 너무 지겹다.

PART
15

성공하는 직장인의
비즈니스 매너

PART 15

성공하는 직장인의
비즈니스 매너

취업을 통해 얻는 기쁨과 만족의 연속성은 내가 어떻게 조직에 적응하고 어떻게 일을 하느냐의 자신의 태도에 따라 달라질 수 있다. 따라서 성공적인 직장생활을 하려면 업무능력 이외의 자기관리능력이 필요하다. 그러므로 성공적인 직장생활을 위해서는 성숙한 사회인으로 조직에 적응하기 위한 기본적인 자기관리능력과 직장생활에서 지켜야 하는 예의범절, 매너, 에티켓을 알고 실천하여 상대를 배려하고 공감하는 커뮤니케이션 능력이 도움이 되기 때문에 직장에 입사하기 전에 익혀두고 훈련하는 것이 필요하다.

1. 인사 매너

인사란 사람과의 만남에서 이루어지는 여러 가지 의례화된 언어나 행동규범을 말한다. 사실 우리의 일상생활에서 빠질 수 없는 가장 기본적인 예절이고 상대방에 대한 존경의 표현이기도 하다.

한 취업포털 사이트의 조사에 의하면 '신입사원에게 가장 필요한 덕목이 무엇인가?'라는 질문에 '기본인성, 예의'라는 답변이 65%를 차지했다고 한다. 이를 보여주는 가장 기본적인 태도가 바로 인사하기이다. 인사만 잘해도 기본이 된 사람이라는 좋은 평판은 물론 좋은 인간관계의 첫걸음이 될 수 있다.

인사의 종류

가벼운 인사   보통의 인사   정중한 인사

① 목례

목례는 15도 정도로 허리를 굽히며 가볍게 하는 인사로 시선은 발끝 2~3미터 앞에 둔다. 목례는 친근하거나 가까운 사람, 또는 하급자에게 하는 인사다. 또는 협소한 장소나 복도, 화장실 등에서 마주치는 사람이나 이미 인사를 나눈 사람에게도 적용할 수 있는 인사법이다.

② 보통례

보통례는 가장 일반적인 인사법으로 30도 정도 상체를 구부리고 시선은 1미터 앞쪽을 바라본다. 보통 윗사람이나 중요한 상대방에게 하는 인사다. 예를 갖추는 인사법으로 보통 마중할 때나 배웅할 때 활용할 수 있다.

③ 정중례

정중례는 가장 공손한 인사이다. 상체를 45도 구부려 인사하며 시선은 1미터 앞쪽을 본다. 정중례는 최고의 경례로서 감사하는 마음을 표시하거나 상대방에게 정중하게 사과할 때 하는 인사법이다.

상황별 인사법

인사는 마음의 문을 여는 열쇠로서 상대방을 먼저 보는 사람이 먼저 하고 윗사람이라 할지라도 받은 인사에 대해서는 반드시 답례를 해준다. 단 장소에 따라 상황이 여의치 않은 곳에서는 인사하지 않는 것이 오히려 예의이다. 인사는 상대방에 대한 배려이고 상대방을 위한 것이기 때문이다.

① 출퇴근 시

> **TIP**
> 출근할 때 간혹 지각하는 경우가 있다. 보통은 눈치를 보면서 조용히 들어가는데, 늦었다고 해서 그렇게 슬쩍 자리에 앉는 것은 좋지 않은 버릇이다. "늦어서 죄송합니다."라고 말하면서 자신의 출근을 모두에게 알리는 것이 훨씬 바람직한 자세다.

아침 출근 시에 인사할 때는 밝고 명랑한 목소리로 "좋은 아침입니다" 또는 "안녕하세요"라며 웃는 모습으로 인사한다. 퇴근 인사를 할 경우에는 "먼저 퇴근하겠습니다" "내일 뵙겠습니다"라고 말하는 게 좋다. 상사보다 먼저 퇴근할 때 "수고하세요", "수고하셨습니다"라는 말은 하지 않는다. 이 말은 윗사람이 아랫사람에게 하는 말로 상사에게 하는 인사말로는 적합하지 않다. 또한 남아 있는 상사에게는 다가가서 "일이 많으신가 보네요. 제가 도울 일이 있습니까?"라고 말하는 배려를 보이면 좋은 인상을 남길 수 있다.

주말인 경우에는 "즐거운 주말 되십시오." 저녁 약속이 있는 것을 알고 있는 경우에는 "즐거운 저녁시간 되십시오."라고 인사하면 된다.

② 엘리베이터나 복도 등 예상치 못한 곳에서 상사를 만났을 때

예상치 못한 장소에서 상사를 만났을 경우에는 가볍게 목례로 인사한다. 단 상사가 외부인사와 함께인 경우에는 멈춰 서서 정중하게 인사해야 한다는 것을 꼭 기억해 두자.

③ 화장실에서 상사를 만났을 때

화장실에서 상사를 만났을 때 다소 당황스러운 상황일 수도 있다. 세면장 또는 화장실에서 용무 중인 상사를 만났을 때는 인사하지 않는 것이 예의다. 다만 상사와 눈이 마주쳤을 경우 또는 용무가 다 끝났을 때 가벼운 목례로 인사를 나누고 자신의 용무를 본다.

④ 이미 인사한 상사나 동료와 다시 만났을 때

TIP

상사가 자신보다 앞서 가는 경우 쫓아가거나 앞지르면서까지 인사할 필요는 없다. 상사가 자신의 앞을 걷고 있는데 어쩔 수 없이 서둘러 지나쳐야 한다면, 먼저 "실례합니다"라고 말한 후 서서 목례를 한 뒤 앞질러 가면 된다.

직장에서는 하루 종일 같은 공간에서 근무하다 보면 이미 만났던 상사와 동료를 다시 마주치는 경우가 많다. 이런 경우 처음 만났을 때 밝고 명랑하게 인사를 하였다면 다시 만났을 때는 밝은 표정과 함께 가볍게 목례를 한다. "바쁘시네요." "날씨가 많이 덥죠?" "식사하셨어요?"처럼 부드럽고 정겨운 인사말을 나누는 것도 좋다.

⑤ 계단에서 마주쳤을 때

계단에서 인사할 상대와 마주쳤다면 먼저 얼굴 표정으로 인사를 한 다음 서로 비슷한 위치가 되면 기본자세를 취하고 인사말과 더불어 인사를 다시 한다. 계단은 비교적 협소한 공간이기 때문에 가볍게 목례를 한다.

⑥ 많은 사람들에게 인사할 경우

많은 사람들에게 한꺼번에 인사할 경우 마치 로봇처럼 기계적으로 하는 인사가 되어서는 안 된다. 보통의 목소리보다 큰 목소리로 인사를 하되 한 사람 한 사람에게 미소와 눈맞춤을 해주어야 한다.

⑦ 통화 중 인사

중요한 통화 중에 눈이 마주쳤을 경우 밝은 미소로 가벼운 목례를 한다.
만약 높은 상사와 눈이 마주쳤을 때는 통화 중인 상대방에게 양해를 구한 뒤 정중하게 인사한다.

2. 악수 매너

악수는 비즈니스 사회의 격식과 사람 간에 친근함을 주는 인사법으로 사회활동을 하는 데 매우 중요한 행위이다. 또한 악수는 사람의 신뢰와 따뜻함을 느낄 수 있는 스킨십이자 인간관계를 쌓는 매우 중요한 커뮤니케이션이다.

악수방법

- 먼저 바른자세를 유지한 후 밝은 표정으로 상대의 눈을 바라본다.
- 오른쪽 팔꿈치를 직각으로 굽혀 수평으로 올린다.
- 손가락을 가지런히 하고 엄지는 벌려서 상대방 오른손 검지 사이에 맞추듯이 살며시 쥔다.

- 적당한 힘을 주어 잡은 후 맞잡은 손을 2~3번 정도 가볍게 흔든다.
- 상대가 아플 정도로 힘을 주거나 지나치게 흔들지 않도록 주의한다.

악수의 원칙

- 남성과 여성의 경우 여성이 남성에게 먼저 청한다.
- 연령차가 있는 경우, 윗사람이 아랫사람에게
- 선배가 후배에게
- 기혼자가 미혼자에게
- 상급자가 하급자에게

3. 명함 매너

명함은 처음 대면하는 상대방에게 자신을 표현하는 수단이자 그 사람의 얼굴이자 인격이다.

사회생활을 하면서 처음 대면할 때 명함을 주고받는 행위는 그 사람을 평가하는 수단으로 또한 첫인상을 결정하므로 명함을 주고받을 때에도 예절이 필요하다.

명함을 주는 매너

- 명함은 깨끗한 상태로 여유있게 준비한다.
- 명함을 줄 때는 반드시 일어서서 정중하게 인사하고 왼손으로 받쳐서 오른손으로 준다.
- 명함을 건네는 위치는 상대방의 가슴높이로 일어서서 건넨다.
- 상대방이 읽기 쉽도록 명함의 위쪽이 자신을 향하도록 주며 자신의 소속과 이름을 확실하게 밝히며 준다.
- 명함은 손아랫사람이 손윗사람에게 또는 손님이 먼저 건넨다.

명함을 받는 매너

- 명함을 받을 때에도 일어서서 두 손으로 공손하게 받는다. 두 손으로 받는 것이 기본 매너이지만 왼손을 오른쪽 팔꿈치에 대고 주는 것도 무방하다.
- 받은 명함은 바로 명함지갑에 넣지 않고 상대의 회사 및 소속과 이름을 확인한 후 상대의 이름과 직책을 호명할 일이 생기면 직책으로 호명을 하며 매너를 더한다.
- 상대에게 받은 명함에 모르는 글자가 있으면 정중하게 물어본 뒤 나중에 메모해 둔다.
- 받은 명함에 글씨 또는 낙서를 하거나 책상 위에 그냥 내버려두어서는 안 된다. 또한 명함을 손에 쥐고 만지작거리거나 산만한 행동을 보여서도 안 된다.
- 자리를 마무리하고 인사를 나누면서 받은 명함은 명함지갑에 집어넣는 것이 원칙이며 받은 명함은 그날 중으로 3W(When, What, Where)정보를 명함 여백에 쓰고 명함 보관 케이스에 정리해 두면 다음에 참고가 된다.

4. 비즈니스 화법

직장에서의 프레젠테이션이나 보고서는 상대방을 설득시키는 과정이다. 나의 주장을 더욱 논리적으로 설득하는 화법에 **PREP**법칙이 있다.

PREP

Point(주장) 짧고 명료하게 결론을 말한다.

Reason(이유) '왜냐하면'의 근거를 제시한다.

Example(예시) 사례를 든다.

Point(주장) 다시 결론을 강조한다.

예시

● 베트남 시장 진출을 검토하라는 사장의 지시에 실무담당자로서 다음 기회에
  해야 한다고 사장을 설득하려면 어떻게 말해야 할까?

Point(주장)
사장님, 제 생각에는 이번 베트남 진출을 좀 미루는 것이 어떨까 생각합니다.

Reason(이유)
왜냐하면 최근 베트남의 정책이 바뀌어 각종 혜택이 사라지고 있기 때문입니다.
세금 이슈도 강력하게 제기되고 있고 더구나 인건비도 상승 중입니다.

Example(예시)
실제로 A상사도 세금문제 때문에 이러지도 저러지도 못하는 상황이라고 합니다.
또한 B상사는 철수를 결정했다고 합니다.

Point(주장)
그렇기 때문에 베트남 진출을 급하게 서두르는 것보다 올해까지는 상황을 지켜보
는 것이 좋을 것 같습니다.

신뢰화법

상대방에게 신뢰감을 줄 수 있는 대화법이다. "다까체"와 "요죠체"를 적
절하게 활용하는 방법이다. 다까체는 정중한 느낌을 줄 수 있으나 딱딱하고
형식적인 느낌을 줄 수 있다. 반면에 요죠체의 과다 사용은 신뢰감을 떨어
뜨릴 수 있다. 다까체와 요죠체의 비율은 신규고객에게는 7:3의 비율로 사
용하는 것이 적절하다.

정중한 화법 70% : ∼입니다. ∼입니까?(다까체)
부드러운 화법 30% : ∼에요. ∼죠?(요죠체)

쿠션화법

쿠션화법이란 상대방의 감정을 덜 다치게 하며 공손하게 대화하는 화법이다. 단호, 단정적인 표현보다는 미안함의 마음을 먼저 전하며 원만하고 부드럽게 대화를 이끌어 나갈 수 있다. "죄송합니다만" "실례합니다만" "번거로우시겠지만" "괜찮으시다면"이 대표적인 쿠션화법이다.

YES/BUT화법

상대방에게 반대의 의견을 전달해야 할 때, 간접적인 부정형 화법으로 상대방의 입장을 먼저 수용하고 긍정한 후 의견과 생각을 표현한다. 적절한 대화를 위해서는 상대방이 나와 다른 주장일지라도 상대방의 생각에 먼저 공감한다는 의사표현을 한 뒤 나의 입장을 이야기한다면 대화의 질도 높아질 것이다. 말하는 순서는 "예, 맞습니다. 그러나 저의 생각은 ~"으로 하면 된다.

나 전달화법(I - message화법)

주어가 일인칭인 '나'로 시작하는 문장으로 말할 때 나의 입장에서 나를 주어로 하여 내가 관찰하고, 생각하고, 느끼고, 바라는 바를 표현하여 이야기하는 화법이다. 상대와 관련되어 있는 문제를 해결하기 위한 대화를 시작해야 할 때 주로 사용되며 자신이 느끼는 감정과 생각을 직접적으로 솔직하게 표현하여 부드럽게 전달되도록 한다.

I-message화법 = 문제행동 + 행동의 영향 + 느낀 감정

> 예시
> "너 또 늦었어? 제정신이야?"(너 전달법 YOU-message)가 아닌
> "난 네가 늦어서 혹시 무슨 일이 있나 걱정했잖아."(나 전달화법 I-message)로 표현하는 방법이다.

아론슨화법

미국의 심리학자 Aronson의 연구에 의하면 사람들은 비난을 듣다 나중에 칭찬을 받게 됐을 경우가 계속 칭찬을 들어온 것보다 더 큰 호감을 느낀다고 한다. 어떤 대화를 나눌 때 부정과 긍정의 내용을 말해야 할 경우 이왕이면 부정의 내용을 먼저 말하고 긍정의 내용을 나중에 말하는 편이 효과적이다.

[부록]

● **6가지 주제별 면접 기출문제유형**

1. 기본 인성질문

① 1분 자기소개를 해보세요.

② 지원동기가 무엇인가요.

③ 자신의 장단점을 말해보시오.

④ 존경하는 인물이 있나요?

⑤ 취미가 무엇인가요?

⑥ 인생에서 가장 감명 깊게 읽은 책이 있나요?

⑦ 주말이나 휴일은 어떻게 보내나요?

⑧ 스트레스해소 방법이 있나요?

⑨ 자신을 한 가지로 표현한다면 무엇인가요?

⑩ 입사 후 포부는?

2. 직무질문

① 지원직무를 선택한 이유는 무엇인가요?

② 지원직무를 잘하기 위해 노력을 했는가?

③ 해당직무에 대해 아는 대로 말해보시오.

④ 영업업무에서 꼭 필요한 자질은 무엇이라고 생각하는가?

⑤ 컴퓨터활용능력은 어떠한가?

⑥ 현재 광고 마케팅의 흐름을 말해보라.

⑦ 최근 20대 고객이 많이 이탈하는데 그 이유는 무엇이고 이들을 사로잡기 위한 방법은 무엇인가?

⑧ 전공이 업무에 어떻게 도움이 되겠는가?

⑨ '인사'는 무엇이라고 생각하는가?

⑩ 지원한 분야에서 어떤 업무를 수행하는지 설명하세요.

3. 회사 및 직업 가치관

① 우리 회사에 대해 아는 대로 말해보시오.

② 다른 회사는 어느 곳에 지원했는가?

③ 우리 회사의 경쟁사는 어디라고 생각하나요?

④ 우리 회사의 강점과 약점에 대해 말해보시오.

⑤ 우리 회사 제품 중 본인이 써본 제품 하나를 골라 장단점을 이야기해 보시오.

⑥ 직장이란 무엇이라고 생각하나요?

⑦ 우리 회사의 인재상 중 자신에게 가장 잘 어울리는 항목은 무엇인가요?

⑧ 기업을 선택하는 기준은 무엇인가요?

⑨ 일할 때 무엇을 가장 중요하게 생각하나요?

⑩ 기업의 사회적 책임은 무엇이라고 생각하나요?

4. 경험질문

① 원활한 소통이 어려운 상황에서 적극적인 소통으로 긍정적인 결과를 가져온 사례가 있나요?

② 협력을 통해 팀의 성과를 창출했던 경험이 있다면 말해보시오.

③ 팀을 이루어 일하면서 팀원들 간의 갈등상황을 해결해 본 경험이 있다면 말해보시오.

④ 최근에 직면한 문제를 효과적으로 해결했던 경험이 있다면 말해보시오.

⑤ 남들과 다른 나만의 독특한 생각이나 아이디어를 발휘해 본 경험을 이

야기해 보세요.

⑥ 손해를 감수하고 원칙과 규정을 준수했던 경험이 있다면 말씀해 보세요.

⑦ 주도적으로 일을 추진한 경험이 있나요?

⑧ 살면서 가장 힘들었던 경험은 무엇이고 어떻게 극복했나요?

⑨ 대학생활을 하면서 가장 열정적으로 한 경험은 무엇인가요?

⑩ 목표를 세우고 도전한 경험이 있나요?

5. 상황질문

① 상사의 부정을 발견했다면 어떻게 대응하겠습니까?

② 상사가 회사 규정을 넘어서는 지시를 할 경우 어떻게 대처할 것입니까?

③ 야근을 해야 하는데 갑자기 개인적으로 중요한 용무가 생긴다면 어떻게 하겠습니까?

④ 다른 팀원의 실수로 본인도 주말, 휴일을 가리지 않고 근무해야 한다면 어떻게 하겠습니까?

⑤ 희망 근무지가 서울인데 만일 지방으로 발령받는다면 어떻게 하겠습니까?

⑥ 지원한 직무말고 다른 직무에 배정된다면 어떻게 하겠습니까?

⑦ 전혀 경험이 없는 일을 맡기면 어떻게 하겠습니까?

⑧ 입사 후 우리 회사와 맞지 않는다는 생각이 든다면 어떻게 하겠습니까?

⑨ 고객이 억지 주장을 하며 무리한 요구를 한다면 어떻게 하겠습니까?

⑩ 싫어하는 사람과 일하게 된다면 어떻게 하겠습니까?

6. 압박질문

① 직무와 관련된 자격이 하나도 없는데 무슨 준비를 한 거죠?

② 전공과 직무가 아무런 관련이 없는데 업무수행이 가능할까요?

③ 졸업을 하고 나서 아직까지 취업을 하지 못했네요. 이유가 뭔가요?

④ 학점이 낮은 이유가 무엇인가요?

⑤ 인턴경험 같은 게 없는 거 같은데 특별한 이유가 있나요?

⑥ 고시공부를 한 적이 있다고 했는데 왜 그만두었나요?

⑦ 본인이 팀장이라면, 2명의 미숙한 직원과 1명의 유능한 직원이 있을 때 성과 개선을 위해 어떤 조치를 취하겠나요?

⑧ 지원자 본인은 리더 역할과 서포터 역할 중 어떤 것을 선호하나요?

⑨ 10년 후 본인의 모습을 색으로 표현한다면 어떤 색일 것 같나요?

⑩ 본인의 면접 점수를 매긴다면 몇 점인 것 같나요?

● 모의면접 활용에 도움이 되는 체크리스트

📖 모의면접_인성면접평가 체크리스트

평가항목	평가 질문	체크
인성 및 태도	올바르고 바람직한 가치관과 직업관 등을 갖고 있는가?	
	윤리의식이 있는가?	
	입사 의지가 뚜렷한가?	
	면접에 임하는 자세가 적절한가?	
	밝은 인상과 적극적이고 긍정적인 태도를 보이는가?	
	일반 상식을 갖고 있는가?	
공통 역량	커뮤니케이션 능력, 의사소통능력이 원활한가?	
	목표의식이 명확한가?	
	문제해결능력이 있는가?	
	대인관계능력이 있는가?	
	논리를 바탕으로 의견을 표현하는가, 이때 자신감이 있는가?	
	고객지향사고를 갖고 있는가?	
	글로벌 역량 향상을 위한 노력이 보이는가?	
조직 적합성	회사의 비전과 경영이념, 핵심가치를 충분히 이해하고 있는가?	
	회사의 인재상에 부합하는 경험과 노력들이 있는가?	
	기업문화에 잘 적응할 수 있는가?	
	애사심이 있겠는가?	
	기업의 사업목표와 사업관련 현황, 이슈 등을 구체적으로 알고 있는가?	
	업무에 대한 열정이 느껴지는가?	

| 입사 후 발전 가능성이 보이는가? | |
| 하고자 하는 일에 대한 프로의식이 느껴지는가? | |

📖 모의면접_직무역량면접 체크리스트

평가항목	평가 질문	체크
직무 이해도	직무의 역할을 구체적으로 잘 이해하였는가?	
	직무에 필요한 역량을 알고 있는가?	
	직무에 필요한 주요 업무를 이해하고 있는가?	
	직무에 대한 열정, 열의, 프로의식 등이 있는가?	
	직무에 대한 포부와 자세가 구체적이며 남다른가?	
	직무의 보람과 힘든 점들을 알고 있는가?	
직무 전문성	직무에 필요한 지식을 갖고 있는가?	
	직무에 필요한 업무능력을 갖고 있는가?	
	과거의 경험들이 직무와 연관성이 있는가?	
	업무수행능력이 뛰어난가?	
	효율적 업무처리능력을 갖고 있는가?	
	문제 발생을 예측하고 발생 가능한 문제의 대처 및 해결방안을 갖고 있는가?	
성장 가능성	직무수행을 위한 자질과 인성을 갖고 있는가?	
	직무에 대한 남다른 애정이 보이는가?	
	직무에 대한 명확한 목표가 있는가?	
	미래지향적 사고를 갖고 있는가?	
	팀워크, 글로벌 역량, 책임감을 갖추고 있는가?	

📖 모의면접_인성·직무역량면접 체크리스트(공공기관)

평가항목		평가 질문	체크
업무수행능력	직업기초능력	면접 질문 의도를 명확하게 파악했는가? 또한 논리적인 근거와 사례를 바탕으로 본인만의 의견을 전달하고 있는가?	
		문제상황에 대한 종합적인 판단과 분석 능력을 갖추고 있는가?	
		창의적, 논리적인 대안을 제시하고 있는가? 이때 타당하고 논리적인 근거를 함께 제시하고 있는가?	
	직무수행능력	업무수행에 필요한 직무 관련 지식을 갖추고 있는가?	
		업무수행에 필요한 자격 요건과 차별화된 본인만의 역량을 가지고 있는가?	
		효율적인 업무처리와 창의적인 문제해결능력을 갖추고 있는가?	
조직 적합성	직무 적합성	지원자 본인의 경력, 경험 등의 활동이 기관의 발전에 도움이 될 만큼 충분한가?	
		기관의 인재상과 지원자가 맞는가?	
		기관의 핵심가치에 부합하는 장점을 갖고 있는가?	
	직무인성	자신감과 열정, 열의의 수준이 적절한가?	
		신뢰감을 주는가?	
		긍정적인 가치관과 태도를 보이는가?	

📖 모의면접_PT면접 체크리스트

평가항목	평가 질문	체크
전달력	자신감 있게 발표에 임하는가?	
	목소리의 크기와 속도, 표현력 등이 어색하지 않고 전달력이 있는가?	
	발표에 대한 열정이 보이는가?	
	시선과 자세 등이 불안해 보이지 않고 안정감 있게 발표를 하는가?	
	이해하기 쉬운 어휘로 발표를 하는가?	
	발표시간을 잘 지켰는가?	
	면접관의 질문에 적절히 대답을 잘했는가?	
분석력	주제를 명확하게 잘 파악하고 있는가?	
	주어진 자료에서 필요한 정보나 문제를 정확하게 파악했는가?	
	발표 시 주제가 확실하게 강조, 전달되었는가?	
	최적의 해결방안을 제시했는가?	
	문제점의 원인을 전체적인 프레임에서 접근, 분석하는가?	
	제공된 자료의 핵심을 파악해 문제 해결에 적절히 활용했는가?	
	제시한 문제 해결방안에 대한 발표자의 확신이 보이는가?	
	해결방안이 현실적으로 설득력이 있는가?	
논리 · 설득력	구성의 흐름이 올바른가?	
	논리적인 전개의 주장인가?	
	타당한 근거를 바탕으로 하는 주장인가?	
	논리적이며 체계적인 근거를 바탕으로 발표하는가?	
	지원자 본인만의 생각과 의견을 발표하는가?	
	주어진 정보에만 의존하여 발표하는가?	

논리 · 설득력	발표내용이 독창적이고 요구사항에 부합하는가?	
	실현 가능한 계획인가?	
	해결 대안과 실행계획에서 생길 수 있는 장애요인을 예측, 극복할 수 있는 방안까지 제시하는가?	

모의면접_토론면접 체크리스트

평가항목	평가 질문	체크
문제해결능력	주어진 시간 동안 팀원들과 합의점을 도출하는가?	
	적극적으로 참여하는가?	
	문제 해결을 위해 함께 노력하고 있는가?	
	팀원들을 배려하는가?	
	문제 해결에 도움이 되는 지식을 제공하는 등 토론 진행에 긍정적이고 생산적인 영향을 주는가?	
의사소통능력	토론 시 생기는 대립과 갈등에 지혜롭게 대처하는가?	
	다른 이들의 생각과 의견을 존중하는가?	
	다른 사람들의 의견을 잘 경청하는가?	
	논점을 정확하게 파악하고 말하는가?	
	의사 표현력과 전달능력이 적절한가?	
	본인의 의견을 전달할 때 논리적이고 설득력 있게 말하는가?	
논리 · 설득력	주제를 명확하게 알고 있는가?	
	확실한 자료 분석과 정확한 근거를 제시하는가?	
	객관적이고 논리적인 근거로 의견을 제시하는가?	
	다른 이들의 주장과 근거를 논리적으로 반박하는가?	

평가항목	체크리스트	체크
논리 · 설득력	반대의견에 흥분하지 않고 논리와 신뢰의 근거로 설득하는가?	
	논리의 근거가 다양하고 참신한가?	

● 면접 당일 체크리스트

평가항목	체크리스트	체크
대기	면접시간 최소 30분~1시간 전에 입실	
복장	지원회사에 알맞은 복장 (남성은 검은 바지정장과 넥타이, 여성은 검은 치마정장과 흰 블라우스 착용)	
헤어	단정하게 남녀 모두 이마가 보이도록 연출(여성은 단발머리, 긴머리의 경우 헤어망으로 단정하게 연출)	
입실	가슴과 어깨를 편 바른자세와 당당한 걸음걸이 남성는 차렷자세, 여성은 공수자세	
인사	환한 미소로 면접관을 바라보며 자신감 있는 목소리로 인사(정중례)	
앉은 자세	허리에 주먹 한 개가 들어갈 정도의 공간을 두고 꼿꼿이 앉는다. 남성은 양발을 허리 너비로 벌리고 두 손을 무릎 위에 올린다. 여성은 다리를 모으고 공수한 손을 허벅지 위에 둔다.	
면접 중 자세	불필요한 동작 주의 진지한 태도로 면접에 임한다. 다른 지원자가 답변할 시에도 경청하는 자세를 취한다. 답변 시 면접관의 눈, 코, 입 주위에 시선을 두며 아이콘택트를 한다.	
목소리	평소보다 크고 힘있는 목소리 연출(말끝이 흐려지지 않도록 끝까지 힘있게 말한다) 긴장돼서 속도가 빨라지지 않도록 주의한다. 답변 시 내용에서 중요한 내용은 포인트를 주며 말한다.	

면접내용	답변의 논리성(나의 주장에 적절한 근거를 제시하여 설득력을 갖춘다.) 준비성(지원회사와 지원직무에 대한 철저한 이해와 준비로 면접관을 사로잡는다.) 위기대처능력, 순발력(갑작스러운 질문이나 추궁, 압박질문에 있어 당황하지 말고 침착하게 대처한다.)

참고문헌 🖊

- 강혜영, 이제경(2010). 대학교수를 위한 상담가이드북. 학지사.
- 김봉환, 강은희, 강혜영, 공윤정(2013). 진로상담. 학지사.
- 김봉환, 정철영, 김병석(2000). 학교진로상담. 학지사.
- 김인기(2011). 진로탐색과 경력관리. 양서원.
- 김진태, 한동희(2015). DISC로 성격을 디자인하자. JNC커뮤니티.
- 김형관, 밸러스에듀 리서치 팀 저(2015). 기적의 취업면접 100문 100답. 조선북스.
- 김형관, 조지웅, 미라클잡 저(2017). 공취달 NCS 면접 실전가이드. 공취달.
- 미하이 칙센트미하이 저(1999). 몰입의 즐거움. 이희재 역. 해냄.
- 박윤희(2011). 진로탐색 및 직업 선택. 시그마프레스.
- 방영황(2018). 스펙역전 블라인드 자소서&면접. 에듀윌.
- 설민준(2020). AI면접합격 기술. 시대고시기획.
- 송원영, 김지영(2009). 대학생의 진로 설계. 학지사.
- 이제경, 김선경, 선혜연(2012). 『대학생의 효율적 진로상담체계구축을 위한 진로문제 유형 분류와 개입방안』(한국기술교육대학교 HRD연구센터에 제시된 내용 수정)
- 이제경, 김선경, 선혜연(2012). 한국대학생의 진로문제 유형 분류 및 개입 전략. 한국기술교육대학교 HRD연구소.
- 이주진(2019). 진로와 취업전략. 한올.
- 장서영 외(2014). 대학교수 진로지도 가이드 개발 연구보고서. 한국고용정보원.
- 정연순 외(2014). 대학생을 위한 취업 교육. 한국고용정보원.
- 정연순 외(2014). 대학생을 위한 취업 교육. 한국고용정보원.
- 조성연, 문미란, 송선희(2012). 진로 솔루션 워크북의 내용 수정
- 최정윤(2002). 심리검사의 이해. 시그마프레스.
- 표형종(2014). 취업 체크리스트. 진서원.
- 한국고용정보원(2014). 청년취업역량프로그램 진행자용 워크북/매뉴얼. 고용노동부 · 한국고용정보원.
- 황매향, 김연진, 이승구, 전방연(2011). 진로 탐색과 생애 설계. 학지사.
- Harren. V. A.(1979). A model of career decision making for college students.
- Journal of Vacational Behavior. 14 : 119–133.
- Hirsh, S.K., & Kummerow, J. M.(1997). 성격유형과 삶의 양식. 심혜숙, 임승환 옮김. 한국심리검사연구소.

저자소개 ✎

한수정 저자는 과거 청주SBS, MBC, TBN한국교통방송, 메디컬TV, 이데일리TV 외 다수 방송사의 공채로 입사해 오랜 방송활동을 했으며, LG전자 디자인경영센터 기획Gr.과 CEO, CTO 비서로 4년 이상 근무한 이력이 있다.

현재 여러 대학과 기업체 그리고 교육부 산하 중앙교육연수원과 지방자치인재개발원을 비롯한 전국의 공공기관, 공무원교육원, 경찰인재개발원, 소방학교, 경찰학교 등에 외래교수로 출강하고 있다.

또한 저자는 사기업, 공기업, 공무원채용 면접 심사위원이며, 각종 프레젠테이션 대회와 스피치 대회의 심사위원이다.

저서로는 '셀프 비즈니스 매너와 커뮤니케이션' '셀프 이미지메이킹과 브랜딩 전략' '내 말은 그게 아니었어요' '잘 나가는 직장인의 커뮤니케이션은 다르다'가 있다.
이메일 : speech96@naver.com

우소연 저자는 과거 MBC, SBS를 비롯한 여러 방송채널에서 MC, 리포터로 활동한 방송인이다.

현재 다수의 기업과 공공기관에서 커뮤니케이션강사로 활동 중이며 경찰인재개발원, 소방학교 등에 외래강사로 출강하고 있다.

또한 저자는 다수의 공기업, 공무원 승진자 평가과정뿐만 아니라 공기업, 공무원 전문교육원에서 NCS자기소개서, 면접전문강사로도 활동하며 다수의 합격생을 배출한 경험이 있다.

저서로는 '셀프 비즈니스 매너와 커뮤니케이션' '셀프 이미지메이킹과 브랜딩 전략'이 있다.
이메일 : woogangsa@naver.com

저자와의
합의하에
인지첩부
생략

셀프 진로설계와 취업면접

2020년 9월 10일 초판 1쇄 발행
2023년 1월 20일 초판 3쇄 발행

지은이 한수정·우소연
펴낸이 진욱상
펴낸곳 (주)백산출판사
교 정 성인숙
본문디자인 박은령
표지디자인 오정은

등 록 2017년 5월 29일 제406-2017-000058호
주 소 경기도 파주시 회동길 370(백산빌딩 3층)
전 화 02-914-1621(代)
팩 스 031-955-9911
이메일 edit@ibaeksan.kr
홈페이지 www.ibaeksan.kr

ISBN 979-11-6567-159-4 03190
값 24,000원